WHEN TO ROB A BANK

...And 131 More Warped Suggestions
and Well-Intended Rants

魔鬼经济学

04

用"有色眼镜"看清世界

[美] 史蒂芬·列维特　史蒂芬·都伯纳 著
王晓鹂 译

中信出版集团 · CHINACITICPRESS · 北京

图书在版编目（CIP）数据

魔鬼经济学.4，用“有色眼镜”看清世界 /（美）列维特，（美）都伯纳著；王晓鹂译. -- 北京：中信出版社，2016.9（2016. 10 重印）
书名原文：When to Rob a Bank
ISBN 978-7-5086-5009-8

I. ①魔… II.①列… ②都… ③王… III. ①经济学－通俗读物 IV. ①F0-49

中国版本图书馆 CIP 数据核字（2016）第 195664 号

魔鬼经济学 4：用“有色眼镜”看清世界

著　　者：［美］史蒂芬 · 列维特　［美］史蒂芬 · 都伯纳
译　　者：王晓鹂
策划推广：中信出版社（China CITIC Press）
出版发行：中信出版集团股份有限公司
（北京市朝阳区惠新东街甲 4 号富盛大厦 2 座　邮编　100029）
（CITIC Publishing Group）
承 印 者：北京通州皇家印刷厂

开　　本：880mm × 1230mm　1/32
印　　张：10.75　　字　　数：180 千字
版　　次：2016 年 9 月第 1 版
印　　次：2016 年10月第 2 次印刷
京权图字：01-2016-3284
广告经营许可证：京朝工商广字第 8087 号
书　　号：ISBN 978-7-5086-5009-8
定　　价：45.00 元

谨以此书献给我们的读者

你们的活力每每令我们拍案叫绝

感谢你们的关注

WHEN TO ROB A BANK

目　录

博客与瓶装水有何共同点?

10年前，在《魔鬼经济学》一书行将出版之时，我们决定创建一个姊妹网站。域名毫无创意，就叫Freakonomics.com，[①]该网站恰巧有博客功能。

列维特其人总是要落伍几年，博客这种东西他从未耳闻过，更何况是读写。都伯纳解释了这一想法，列维特仍然心存疑虑。

“让我们试试看。”都伯纳说。彼时，我们合作的时日不多，列维特还不明白，我会通过这六个字来劝他做各种各样他从未打算做的事。

所以我们就写博客来试试看，以下是我们写的第一篇帖子。

---

① 《魔鬼经济学》英文原名为Freakonomics。——译者注

解放我们的孩子

父母都认为自己的孩子是世间最美的。进化似乎塑造了我们的大脑，因而假如我们日复一日地凝视自己孩子的脸，这张脸会越看越顺眼。正如别人的孩子脸上若粘了饭粒，看起来会觉得恶心，但换作自己的孩子，却反觉有几分可爱。

说起来，我们也翻来覆去地看了《魔鬼经济学》的手稿，所以现在我们也对这手稿看顺眼了——虽然长了疣子、粘了饭粒，等等。所以我们开始觉得，或许真的会有人想读，而且读过之后，或许还想抒发己见，这个网站便由此而来。我们希望在日后的一段时间，这里能成为一个其乐融融的（或者至少是在其乐融融的气氛中拌嘴斗舌的）家庭。

而这里确实成了一个其乐融融的家庭！

我们所写的博客往往要比写进书里的内容更加随意、私密、观点鲜明。我们不仅给出具体答案，也会提出问题。我们写了思考到一半又后悔放弃的内容，也写了思考通透后仍然悔不当初的内容。但多数情况下，开博客让我们理所当然地对世界保持好奇与开放的心态。

与第一篇博客不同，绝大多数博客条目都是由我们其中一人所写，而非像我们所写的书一样是两人合著。我们有时会邀请朋友（甚至对头）写博客；我们举行过“仲裁会议”（邀请几位智者解答一道难题）和问答活动（邀请过丹尼尔 · 卡尼曼[①]这样的人物，也邀请过

① 丹尼尔 · 卡尼曼，以色列和美国经济学家，2002 年诺贝尔经济学奖获得者。——译者注

高级应召女郎安莉）。曾有数年的时间，是《纽约时报》在运营博客，这让博客有些名不副实。但《纽约时报》最终意识到应该放任我们随心所欲，让我们自主运营。

多年来，我们时常扪心自问，究竟为何一直在更新博客，却苦无答案。写博客没有报酬，也没有任何证据表明，博客促进了我们所写书的销量。实际上，博客或许还蚕食掉了书的销量，因为我们每天都在免费发布文章。但久而久之，我们明白了自己为何一直在写博客：我们的读者喜欢读博客，而我们喜欢自己的读者。其好奇、富于创见，尤其是那份童心，正是我们笔耕不辍的原因。在后文中，我们将会为你展现。

偶尔会有读者建议我们将博客结集出书，最初我们觉得这是愚蠢透顶的想法——直到不久前的某日，我们不这么想了。什么原故呢?都伯纳送他的一个孩子去缅因州参加夏令营，在一个十分偏僻的地方（他们遇到了一家大型的“波兰泉”瓶装水工厂），很多人会付高价买一瓶水。都伯纳本人也在偏僻的地区长大，这一直让他觉得很蹊跷，然而事实就是如此，在这里人们每年的总消费额甚至高达 1 000 亿美元左右。

因此，把博客结集出书，承袭“波兰泉”“依云”等水界天才的传统，将可以免费获取的东西装瓶出售，卖给你们听起来就不那么蠢了。

坦白地说，我们不厌其烦地读完了所有博客，从中筛选出了精华内容。（八千篇帖子多数文采平平，但也确实有几篇佳作，发现这点还是很欣慰的。）我们对帖子进行了必要的校订和更新，划分成不同章节，结集成一本像样的书。

例如，《我们只是想帮忙》探讨了终身教职的废除、民主的替代方案和如何像恐怖分子一样思考。《手淫者林伯翰与灾星韦恩》介绍了奇特的名字、恰当的名字和既奇特又恰当的名字。《一日火箭……》证明了一旦你开始具备经济学家的思维，就很难再改弦易辙了，无论话题是婴儿配方奶粉、动画片，还是变质鸡肉。与此同时，你会了解到许多有关我们个人嗜好的知识，如高尔夫、赌博和令人闻风丧胆的一分币，内容之详细超乎你这辈子意欲了解的程度。

多年来，将我们的奇思妙想写成文章带给了我们无尽的乐趣，我们希望诸位会喜欢一窥我们的脑内奇想，透过魔鬼经济学的有色眼镜，观察世界的模样。

WHEN TO ROB A BANK

第一章

我们只是想帮忙

历史上最杰出的创意有些——实际上，几乎无一不是——乍听起来总是疯疯癫癫的。其实，实际上也很疯癫，那如何判断呢？开博客的一大优点就是，有个地方能让你将自己最疯癫的想法旗帜鲜明地亮出来，然后观察这些想法多久会被鞭挞得体无完肤。在我们写过的所有帖子中，本章的第一篇引来了最立竿见影、声势浩大和义愤填膺的回复。

假如你是恐怖分子，你会如何策划袭击？

列维特

美国运输安全管理局最近宣布，目前仍需执行多数对登机随身行李的禁令，但解除了对打火机的禁令。禁止人们携带牙膏、除臭剂或水过安检，听起来莫名其妙，但禁带打火机听着却并不蹊跷。我想知道打火机生产商游说的时候，是支持还是反对这一规定的变更。一方面，每天有 22 000 支打火机遭到没收，这似乎对生意有益。另一方面，既然不能携带打火机旅行，买打火机的人或许会减少。

得知这些规定后，我开始思考，假如我是恐怖分子，手上资源有限，我会如何最大限度地制造恐慌。

首先，我会思考什么才能真正引起恐慌。不过，令人们惶惶不安的一点，是自己可能会成为袭击受害者的想法。有鉴于此，我想做的事，尽管对个人造成伤害的概率微乎其微，却仍会让所有人都以为自己可能会成为袭击对象。

人类常常拿小概率事件小题大做，所以恐怖主义活动造成的恐慌与实际的风险严重不成比例。

其次，我还想制造有一支恐怖分子队伍存在的假象，为此可以同时执行多项袭击任务，此后不久再制造一波袭击。

再次，除非恐怖分子始终坚持执行自杀任务（我无法想象他们真会如此），如有可能，最好制订计划，防止手下的恐怖分子被杀或被当场抓获。

再次，我认为阻止商业流通是合理手段，因为商业系统崩溃会让人们有更多空闲时间提心吊胆。

最后，若是真想让美国吃苦头，你的行动必须能让政府通过一系列代价高昂的法令，这些法令在达成目的后仍会长期执行（假设其在设立之初确有目的）。

我的总体世界观是，简单为上。我猜想，这一观点也适用于恐怖主义。本着这种精神，我所听过的最佳恐怖袭击计划是由我父亲在2002年华盛顿特区狙击手事件①造成祸患后想出来的。基本思路是，给20名恐怖分子配狙击枪、配车，安排他们到全美各地（大城市、

① 华盛顿特区狙击手事件，2002年10月发生于美国华盛顿特区、马里兰州以及弗吉尼亚州的连续杀人事件，为期3个星期。在华盛顿都会区至弗吉尼亚州境内的95号州际公路范围内，共有10人惨遭杀害，并且有3人受伤。后经调查，凶手为约翰·艾伦·穆罕默德及李·博伊德·马尔沃。——译者注

小城市、郊区，等等）在预定时间开始随机开枪射击，并让他们频繁变换位置，以确保下一波袭击的时间和地点无人知晓。由此造成的混乱会达到不可思议的程度，尤其是要考虑到恐怖分子所需的资源少之又少，想缉拿凶手也难于登天。诚然，其危害不如在纽约市引爆核弹严重，但几把枪肯定要比核武器容易获取。

想必许多读者有远胜于此的创意，我洗耳恭听，并试着将在该博客发表这些创意看作是一种公共服务：我推测在该博客的读者中，反对及打击恐怖主义的人要远远多于真正的恐怖分子。因此，将这些创意公布出来，让打击恐怖主义的人有机会预先对这些情况进行思考和谋划。

更新：这篇帖子发表于2007年8月8日，即“魔鬼经济学”博客正式入驻《纽约时报》网站的同一天。当天，在《纽约观察家报》的采访中，记者让都伯纳解释为何“魔鬼经济学”会成为《纽约时报》决定发布的首个对外博客。他的回答反映了他曾在该报就职过的经历，以及他对其准则惯例的了若指掌：“他们知道我不会在博客上发表宗教教义类的东西。”结果，列维特征集恐怖袭击创意的博客帖子恰好就被扣上了这样的帽子。文章引来了言辞激愤的回复，几百条评论后，《纽约时报》不得不关闭了评论区。以下是很有代表性的一条评论：“你肯定是在逗我。给恐怖分子献计献策？当自己是在装可爱？抖机灵？你就是个白痴。”

于是，第二天，列维特又故技重施。

恐怖主义续篇

列维特

就在我们的博客交由《纽约时报》运营的第一天，我写了一篇帖子，侮辱邮件因此纷至沓来，数量之多达到了堕胎与犯罪率理论首次公布后的近十年间之最。发电子邮件给我的人拿不准我究竟是白痴，是卖国贼，还是二者皆有。姑且让我再献丑一次。

很多气愤的回复让我不禁思索：普通美国人究竟以为恐怖分子每天在忙活什么？我猜想，他们在为恐怖活动阴谋集思广益。而你必须得相信恐怖分子都是彻头彻尾的白痴，才会以为华盛顿特区狙击手射击事件后，他们从没有想到或许狙击手这一计策未尝不可。

关键在于，恐怖分子可用的简单计策几乎数不胜数。距离上次在美国发生大规模恐怖袭击事件，已经过去了六年之久，这一点表明，要么恐怖分子都是酒囊饭袋，要么其目标或许其实并非制造恐慌。（另一无关因素是执法机构与政府的预防恐怖主义措施，这一点会在后文再行探讨。）

我收到的很多愤怒邮件要求我写一篇帖子，解释如何阻止恐怖分子。答案显而易见，却令人失望：假如恐怖分子想从事技术含量低的低端恐怖活动，我们会无能为力。

目前的伊拉克便是这种情况，以色列与之处境相同，但程度较轻。不久前的爱尔兰共和军[1]多多少少也情况类似。

那么，我们能做什么？与英国人和以色列人的经历相同，若是面对这种情形，美国人也将学会逆来顺受。就人命损失而言，相比于机动车撞车事故、心脏病发、蓄意杀人、自杀等其他死因，这种低端恐怖主义造成的实际损失相对较小，因为恐慌才是其所造成的真正损失。

但正如通胀失控国家的人会相对较快地学会逆来顺受一样，恐怖主义也会遇到相同情形。在以色列，乘公交遭到袭击而死的实际风险非常低——而且正如加里·贝克尔[2]和尤纳·鲁宾斯坦所示，经常在以色列乘公交的人不会对炸弹威胁有太大反应。同理，以色列公交司机也不享有工资补贴。

除此之外，我认为我们还可以采取几项有前瞻性的措施。如果威胁来自国外，那我们可以仔细排查入境的危险分子，这一点也显而易见。或许不那么显而易见的一点是，我们可以严密跟踪入境后的潜在危险分子。例如，若有人持学生签证入境，却没有入学，此人便应处于严密监控之下。

另一种选择是英国人采取的措施：在各处安装摄像头。这严重背离了美国精神，所以很可能永远不会在美国推行。我也并不确定这笔投资是否划算，但最近的英国恐怖袭击事件表明，这些摄像头至少可

① 爱尔兰共和军，反对英国政府的武装组织，长时间通过暴力活动实现政治诉求，故被许多国家视为恐怖组织。——译者注

② 加里·贝克尔，美国著名经济学家，以研究微观经济理论而著称，1992年诺贝尔经济学奖获得者。——译者注

在事发之后用于识别凶手。

我在芝加哥大学的同事罗伯特·佩普所做的研究表明，恐怖主义活动最有力的征兆是某个群体的领土遭到了占领。从这一角度来看，美军占领伊拉克想必并不利于减少恐怖主义，虽然这或许满足了其他目的。

不过归根结底，我发现我们目前面对恐怖主义的形势，有两种可能的解读方式。

一种观点是，我们目前没有因恐怖分子而遭到重创的主要原因是政府的反恐措施卓有成效。

另一种是，恐怖袭击风险并不高，而我们对打击恐怖主义——或者至少是虚张声势——的投入严重超支。对多数政府官员来说，在制止恐怖主义方面，促使他们装腔作势的压力要远大于实际行动。若是有架飞机被肩扛导弹击落，美国运输安全管理局局长无可指责，但若是一管牙膏炸弹炸毁了一架飞机，他便会成为众矢之的。因此，尽管牙膏炸弹威胁性很可能小得多，我们却为了防范它大费周章。

同理，若有恐怖袭击发生，中央情报局的某个职员不会陷入麻烦。只有没写过详细分析此类袭击概率报告的人才会有麻烦，而报告的跟进工作是别人的职责，而别人从未跟进过，因为这种报告写了太多。

我猜想，第二种情况——恐怖主义威胁并不大——可能性更大。细想一下，这倒不失为一种乐观的世界观。但这样我很可能还是逃不掉白痴、卖国贼，或二者皆有的帽子。

“税务战争”可否?

都伯纳

戴维·凯·约翰斯顿就职于《纽约时报》，他对美国的税收政策等商务议题做了详尽深入的报道。据他报道，美国国税局计划将征收拖欠税款的工作外包给第三方，即代收欠款公司。“私人欠款收缴项目预计将在十年间带来14亿美元的收入，”他写道，“其中，代收欠款公司将收取3.3亿美元的回扣，折合即1美元扣取22~24美分。”

或许割让的回扣听起来太高，或许人们会担心代收欠款公司可以查看其财务记录。但对我来说，最非同寻常的一点是，国税局知道拖欠税款的人是谁，也知道去哪里追缴欠款，却因人手不足，无力追缴。因此，国税局只得出高价聘请外人去代劳。

国税局承认，聘请外部机构收税的成本远远高于让内部员工收税。前任国税局局长查尔斯·O.罗索蒂曾告诉国会，国税局若能多招一些税务员，“每年可以多征收90亿美元的税款，因此增加的开支却只有2.96亿美元，即每征收1美元的开支约为3美分。”约翰斯顿写道。

即便罗索蒂将数字夸大了5倍，政府多招税务员仍要好过外包给收取22%回扣的第三方。但众所周知，负责核查国税局预算的国会不愿向国税局划拨资源，让其完成本职工作。

我们在《纽约时报》的个人专栏里探讨过这一话题：

> 所有国税局局长的主要任务……都是向国会和白宫乞求

资源。虽然让国税局一分不差地征收政府应收税款可以带来显而易见的好处，但对多数政客来说，主张增加国税局活跃度也会带来同样显而易见的坏处。在1988年的总统竞选中，迈克尔·杜卡基斯曾做过这种尝试，但并未成功。

国税局要在孤立无援的情况下，在公众中间强制执行税法，一来这税法本就不得民心，二来公众知道他们可以随心所欲地偷税漏税。在此情况下，国税局只能力所能及地进行小修小补。

为何国会会做此反应？或许我们的国会议员是一群历史爱好者，内心充溢着共和精神，对波士顿倾茶事件记忆犹新，害怕他们一旦加强税收力度，会引起民众反抗。但须谨记，此处探讨的是税收执法，而非税法立法。前者是国税局的职责，后者是国会的职责。换言之，国会乐于制定现行的税率，却不愿让外界看到那些必须外出执行收税任务的铁面执法者，经过其批准太过轻而易举地履行职责。

因此，其收缴拖欠税款的措施或许需要换个口号，既然国会为“反恐战争”和“毒品战争”批准了大量的资金，或许如今轮到他们发动“税务战争”了——实际上，应该是“反偷税战争”。假如他们可以着重指出“税收缺口”（应缴税款与实收税款之差）恰好等于联邦赤字的数额，借此将偷税行为妖魔化，情况会如何：这样一来，向国税局划拨资源，供其征收拖欠税款，在政治上是否更加可行？或许他们可以将偷税漏税者的照片印在牛奶盒、邮局传单上，甚至公布在《全美通缉令》[①]中。这能达到目的吗？管理得当的“反偷税战争”能否解决问题？

眼下，我们只能退而求其次，让国税局将这一工作交由代收欠款公司处理。这些公司会收取回扣，但回扣数额远不如拖欠税款多。也就是说，仍会有巨额资金——从不偷税漏税之人手中收缴的巨额税款——继续付之东流。

假如公立图书馆本不存在，如今还办得起来吗？

都伯纳

讨厌图书馆的人请举手。

没错，我想也没有。谁会讨厌图书馆呢？

有一种人可能会：图书出版商。关于这点，我很可能猜错了，但假如你关心图书行业，就请听我把话说完。

最近，我和几名出版业从业人员吃过饭。其中一位刚刚参加过全美图书馆馆长会议，会议期间，她的任务是将她的系列图书尽量多推销给各位馆长。她说，有两万名图书馆馆长参加会议。她还说，只要能让一个较大的图书馆系统——如芝加哥或纽约的图书馆系统——购进一部图书，就相当于卖出了多达几百本图书，因为许多图书馆分部

① 《全美通缉令》，美国福克斯电视台的一档节目，以真人秀的方式报道美国的要案，已于 2011 年停播。——译者注

会每部书收藏多本。

这听起来不错，不是吗？

其实……或许并非如此。作家普遍都有一种怨言，有人在图书签售会上走到你面前说：“嘿，我非常喜欢你的书，我在图书馆读到了，然后还叫我所有的朋友也去图书馆！”作家却心想：“哦，我谢您了，但你们为什么不买书呢？”

当然，图书馆买了书。但姑且假设这本书自始至终会有50个人读，假如图书馆没有这本书，这50个人当然不会人手各买一本。但试想即便只有5个人买了，这位作家和出版商也相当于损失了4本书的销量。

当然，这件事还有另一种观察角度。除了图书馆所购买的几本书，你还可以说，从长期来看，图书馆至少可以通过多个渠道促进书的总体销量：

1. 图书馆有助于培养年轻人的阅读兴趣，他们上了年纪之后，会自己买书。

2. 图书馆能让读者接触他们本不会读的作品。读者随后可能会购买同一作者的其他作品，甚至自己买同一本书用以收藏。

3. 图书馆有助于培养大众阅读文化。否则，总体而言，对图书的讨论、批评和报道都会减少，进而导致图书销量减少。

但我要指出的重点是：假如在当今世界，公立图书馆这种机构并不存在，而有比尔·盖茨这样的人物提出在全美各个城市镇区建立图书馆（类似安德鲁·卡内基[①]曾经的举动），会发生什么情况？

我猜想，这会遭遇来自图书出版商的巨大阻力。鉴于目前对知识产权争执不下的状况，各位能想象现代出版商会愿意出售一本书，而放任图书所有者将书借给数量不限的陌生人吗？

我看不会。

或许他们会提出签订许可协议：图书本身售价为20美元，自流通第一年起，每年再交2美元。我相信，还有其他多种可行的协议，我也相信，和许多久而久之演化而成的系统一样，图书馆系统若是从今从头建起，与如今的实际面貌会大相径庭。

废除终身教职吧（包括我的）

列维特

即便曾经真的有一段时期，授予经济学教授终身教职有其道理，这样的时代也定然已经过去。其他高校学科可能也是如此，而中小学教师很可能更是如此。

终身教职有何影响？它引人误入歧途，让人们在职业生涯之初面对着强有力的诱因（很可能会因此在初期兢兢业业地工作），在此后

① 安德鲁·卡内基（1835—1919年），美国钢铁工业巨头，曾经的美国首富，也是美国著名的慈善家，曾捐资在美国国内外兴建3 000多座图书馆。——译者注

却面对非常薄弱的诱因（一般而言，很可能会因此消极怠工）。

你可以想到在某些模式中，这种诱因结构存在合理性。例如，假如一个人需要掌握大量信息才能具备才干，而一旦这些知识了然于心，不会忘却，努力就不是很重要了。这一模式或许准确描述了学骑自行车的过程，但对学术界来说，却很离谱。

从社会的角度来看，授予终身教职后所建立的诱因如此薄弱，似乎并非良策。学校里尽是游手好闲的员工（至少是吃白饷却未尽分内之事的人），尾大不掉。授予终身教职前设立如此强大的诱因想必也不是良策——即便不提供终身教职，青年教师也有很多原因要努力工作，干出一番事业。

说终身教职保护了所做研究在政治上不得人心的学者，我觉得这荒唐至极。我能设想出会有此问题的情形，却很难想到与此有关的实际案例。终身教职在保护游手好闲或成绩不佳的学者方面倒是居功至伟，但经济学界真有什么课题会兼具研究价值和争议性，导致学者被扫地出门吗？即便如此，这正是市场的作用。即便有某个高校主要以政治倾向或研究方法不受赏识为由，开除一名学者，也会有其他学校愿意聘用他。例如，在近年来几个经济学界的案例中，有学者伪造数据、挪用资金等，但事后仍然找到了不错的工作。

终身教职的一个隐藏益处是构成让学院裁汰庸才的承诺机制。在设立终身教职制度的情况下，在终身教职评审中不执行裁汰政策的成本要高于无终身教职的情况。开除员工并非乐事，若无终身教职制度，阻力最小的道路或许就是总在口头上说明年一定会开掉某人，却从不付诸行动。

设想一种你会在意成绩的情形（如职业橄榄球队或外汇交易商），你不会想到要授予终身职位，那为何学术界要这么做？

最理想的情况就是所有学校一致同意同时废除终身教职。或许各个学院会给那些朽木枯枝一两年的时间证明自己值得占有一席之地，再行决定是否予以解雇；某些碌碌无为的人会主动辞职或遭到解雇；其余达到终身教职年龄的经济学家会更加卖力地工作。我猜想，薪金和工作调动不会有太多变化。

既然不可能所有学校都一致废除终身教职，假如只有一所学校选择单方面撤销终身教职，情况会如何？在我看来，该所学校会收到很好的效果。没了终身教职这样的保险福利，该校须为教职工涨薪，才能留住他们。然而，重要的是终身教职的价值反过来也与教师本身的水平有关。如果你本身出类拔萃，即便终身教职遭到废除，你也几乎不会受到任何威胁。因此，有真才实学的人只需幅度很小的涨薪，就可以弥补没有终身教职的劣势，而水平很差、碌碌无为的经济学家在终身教职遭到废除的情况下，却需要高额的补贴才会留校。这对学校会起到妙不可言的效果，因为无能的庸才最终纷纷离校，优秀的人才留校，其他高校的优秀人才又想在无终身教职的学校赚取高薪，所以慕名而来。假如芝加哥大学告诉我，他们打算撤销我的终身教职，但会增加 15 000 美元的薪水，我会求之不得。我相信其他很多人也会如此。大学裁掉一名碌碌无为、原本享受终身教职的教师，节省下来的资金，可以补贴另外十个人。

为何空乘人员不收小费？

都伯纳

想想所有那些有收小费习惯的服务业从业人员：酒店行李员、出租车司机、餐馆男女服务员、在机场整理路边行李的人，有时甚至连星巴克的服务员也收。然而，这没有空乘人员的份。

为何没有？

或许是因为人们认为他们收入不菲、生活富裕，不需要给小费。或许仅仅是因为人们认为他们勉强算是领薪职工，无论如何不应该收小费。或许出于某种原因，他们被勒令禁止收取小费。或许这可以追溯到多数空乘人员为女性、多数乘客为男性的时代——而鉴于商人都是多情种、空姐都是狐狸精这种不可思议（也可能是子虚乌有）的说法，航班结束后进行金钱交易或许会让人不禁起疑，这空姐究竟干了什么值得用小费犒劳的勾当。

尽管如此，这么多服务人员履行类似的职责能收小费，却唯独空乘人员不收，我仍然觉得这很蹊跷。尤其是她们经常要不辞辛苦地为很多人服务，来来回回地端茶递水、拿枕头、取耳机，等等。没错，我知道多数人都对如今的乘机经历非常不满，也知道确实有个别空乘人员脾气乖戾到了不可思议的程度。但就我本人的经历而言，多数空乘人员都服务周到，而且工作条件往往非常艰苦。

我并非在提倡向另一种劳动者付小费，但我最近经常乘飞机，看到空乘人员工作如此辛苦，却没有小费，这让我觉得蹊跷，至少我从未看到有人向空乘人员付小费。在最近五次飞行中，我问过空乘人员是否收到过小费，她们每个人都回答说没有，从未收到过。听到我的问题，她们的反应或是忍俊不禁，或是燃起了希望。

在今天的回程航班上，我想我不会问问题，而是直接塞小费，看看会发生什么情况。结果我吃了闭门羹。“空乘人员不是服务员。”对方告诉我，口气之强硬让我为自己妄图向这位女士手中塞钱而感到羞愧难当。

想解决纽约的空中交通拥堵问题？关掉拉瓜迪亚机场

都伯纳

美国运输部刚刚取消了拍卖纽约市三个机场起降跑道的计划。这一想法是为了利用市场力量减缓拥堵现象，但面对业内的强烈抵制（和法律诉讼威胁），时任运输部长雷 · 拉胡德叫停了拍卖。

“我们仍将着力解决纽约地区的空中交通拥堵问题，”拉胡德称，“今夏，我将和航空公司、机场、消费者股东及民选官员进行商讨，以研究出最佳方案。”

众所周知，纽约三大机场——肯尼迪机场、纽瓦克自由机场和拉瓜迪亚机场——在拥堵和晚点方面名列前茅。而由于其他多地航班都要经由纽约中转，这里的晚点影响了各地的空中交通。

最近在拉瓜迪亚机场的一次地面延误中，我趁机同一名不当班的飞行员聊了起来。他供职于一家大型航空公司，有关航空公司的问题，但凡是我能想起来的，他有问必答，知根知底。我问他对纽约的空中拥堵现象有何看法，他说解决方法很简单：关掉拉瓜迪亚机场。

据他解释，问题在于三个机场的飞行空间都从其地面位置之上呈圆柱形向上空纵向延伸。由于其地理位置相对较近，这三个圆柱形的飞行空间严重相互干扰。这造成了拥堵，不仅是因为空运流量大，还因为飞行员必须穿针引线一般，穿行错综复杂的航线，才能相互协调。

他说，撤掉拉瓜迪亚机场的圆柱体，纽瓦克自由机场和肯尼迪机场的运转都会顺畅得多——而由于拉瓜迪亚机场的交通流量远少于另两个机场，它显然应该成为被关掉的那一个。

但问题在于，拉瓜迪亚机场是纽约政坛最有权势的人物所青睐的机场，因为从曼哈顿到这里的车程很短。因此，这并无实现可能，至少在近期如此。但我新结交的飞行员朋友坚持认为，一旦成真，纽约的空中交通会从地狱变成天堂。

不得不承认，拉瓜迪亚机场是我最青睐的机场，因为我住在曼哈顿，去那里一般只用时 15 分钟左右。但与此同时，在其他所有方面，拉瓜迪亚的满意度与舒适度均不如纽瓦克或肯尼迪。

话虽如此，假如关掉拉瓜迪亚机场能起到疏通全纽约空中交通的巨大效应，我会亲自去帮忙拆掉拉瓜迪亚。姑且假设我本人，以及其他所有的纽约旅客，每次在三个机场中的任意一个起飞或降落，平均要浪费 30 分钟（这么说大概还算客气了），即每次往返总共延误一个小时的时间。如果我每次乘飞机都去纽瓦克自由机场或肯尼迪机场，乘地面交通工具往返机场的时间要略少于一小时——因此，如无延误，我至少是利弊相抵，住处离两个机场更近的人显然受益更多。然后，纽约机场次次延误的问题一旦解决，全美各地所节省的时间和效率成本也可以开始计算在内。

为何恢复兵役制度是下下策

列维特

《时代》杂志刊登的一份长篇报告标题为《恢复兵役制：并非万能之计》。

单是听到兵役制的建议，米尔顿·弗里德曼[①]也一定会死不瞑目。如果问题是志愿参军赴伊拉克作战的年轻人不够多，就有两种合理的解决方案：

（1）从伊拉克撤军；

（2）给足兵饷，吸引他们自愿入伍。

说兵役制是合理的解决方案，这完全是落后时代的想法。首先，这让“不合适”的人入伍——他们要么对军中生活毫无兴趣，要么并无资格参军，要么对其他事业十分看重。从经济角度而言，这些都是不想参军的正当理由。（我明白还有其他角度——如报效国家的愿望

① 米尔顿·弗里德曼，美国经济学家，1976年诺贝尔经济学奖获得者，以主张自由资本主义闻名。——译者注

或对祖国的责任感——但若有人这样想，这可以算作其对军旅生活的兴趣。）

市场的一大优点就是将人才分予不同的职务，分配的途径即通过薪酬。因此，我们应该向美国士兵支付合理的薪酬，以弥补他们所承担的风险！本质上，服兵役即相当于服役者集中缴纳一笔重税。经济理论告诉我们，这种完成目标的方式效率极其低下。

反对者可能会说，让经济困难的年轻人去伊拉克送死，从根本上说并不公平。鉴于美国确实存在收入差距，有人生来富裕，有人生来贫穷，说这不公平，我并无异议。但你得对应征入伍者的决策能力十分看低，才会说义务兵役制要比志愿兵役制合理。面对摆在面前的选项，参军的男女做此选择，而放弃了其他可选的选项。兵役制对消除不平等现象或许是合理措施，但在这个处处不平等的世界，让人们自由选择道路要好过为他们强行指定一条。这方面的一个绝佳例子是，目前对愿意在报名参军后 30 天内乘船去参加基础训练的人，陆军会发放 20 000 美元的“快速乘船从军”奖金。（陆军刚刚在近期内首次完成了月度征兵目标，这项奖金很可能是原因之一。）

如果政府须在战时向士兵支付合理薪酬，即军饷由市场决定，且士兵也像其他职业的从业人员一样可以随时自愿选择离开，效果还会更好。若果真如此，政府的成本会大幅上涨，更加准确地反映战争的真实代价，进而促使其对军事行动的利弊得失做出更准确的评估。

反对者还认为，如果有更多富有的白人参军，我们就不会攻打伊拉克了，事实很可能如此，但这并不等同于兵役制是上策。兵役制会严重降低作战效率，理应会减少战争。但也有可能出现作战效率高便值得一战的情况——而换作效率不高的情况，或许作战并不值得。要澄清一下，我并不是说这场特定的战争一定值得一打——只是说，从理论上讲，事实确有可能如此。

一个次要的观点是，当前依靠预备役的体制似乎也并非上策。本质上，在这种体制下，政府在无须作战时支付给预备役士兵的薪金过高，在需要他们作战时支付的薪金又过低。这种设置将全部风险从政府转嫁到了预备役士兵头上。从经济角度来看，这一结果毫无道理，因为个人（理应）不喜欢风险。在理想情况下，你想建立的体制应该是，在和平时期，预备役士兵的薪酬极低，在战时的薪酬较高，这样才能让他们对是否受到征召并不在意。

一项帮助改善英国国家医疗服务体系的魔鬼经济学提议

列维特

在我们所著的《魔鬼经济学 3》一书的第一章，我们讲述了我和都伯纳同戴维 · 卡梅伦那次结局惨淡的沟通，彼时正值他当选英国首相前不久。（简而言之，我们和卡梅伦开玩笑说，他所信奉的医疗保健原则也可适用于汽车。事实证明，你跟首相可开不起玩笑！）

这则故事惹恼了某些人，包括经济学博客的博主诺厄 · 史密斯。他痛斥我们，以维护国家医疗服务体系。

首先，我要声明，我对英国国家医疗服务体系并无任何特别的异议，也是最不可能捍卫美国医疗体系的人。但凡是听我评论过奥巴马医改计划的人，都知道我并非其拥趸，也从未有过好感。

但即便不是绝顶聪明或迷信市场的人，也能认识到，对不收费的东西（包括医疗），人们会过度消费。我向你保证，假如美国人必须自掏腰包支付医院的天价服务，美国国内生产总值流入医疗行业的份额会少得多。当然，这也适用于英国。

史密斯的檄文以此结尾：

> 但我认为列维特并无自己的模式。他有的只是一则简单的信条（“所有市场都如出一辙”），以及对此信条笃信无疑的先入之见。

史密斯单凭《魔鬼经济学3》的内容判断，恐怕没想到，我们确实为英国国家医疗服务体系构想出了一个模式。而且实际上，在卡梅伦本人离席后，我将这一模式提交给了其团队。

撇开其他特点不论，这一模式可谓简单明了。

每年1月1日，英国政府向每名英国居民邮寄一张1 000英镑的支票，他们可以随心所欲地自由支配这笔钱，但谨慎起见，他们可能会将这笔钱留在手中，以备支付自费医疗的成本。在我设想的体系中，2 000英镑以下的医疗费用须全部由个人自费支付，2 000英镑至8 000英镑之间的费用有50%须自费支付，超过8 000英镑的费用则由政府全额支付。

从公民的角度来看，最理想的情况是没有任何医疗消费，从而最后净赚 1 000 英镑。超过半数的英国居民每年的最终医疗消费都要少于 1 000 英镑。对个人来说，最坏的情况是其医疗消费额超过了 8 000 英镑，因此最终出现了 4 000 英镑的赤字（其医疗消费额为 5 000 英镑，但要扣掉年初收到的 1 000 英镑补贴）。

若结果证明，消费者对价格很敏感（即经济学最基本的原理适用，且需求曲线下滑），医疗消费总额会有所下降。根据我们在“至善”[①]进行的模拟演算，预计医疗成本总额或会下降约 15%，即消费额减少近 200 亿英镑。出现下降是因为竞争很可能会导致效率提升，且消费者会放弃低价值的医疗服务，而目前，他们之所以会使用这些服务，仅仅是因为这些服务是免费的。

所有人仍然受到保护，不必自费支付重大伤病的开支。

和任何政府计划一样，几家欢喜几家愁。在我设计的方案中，多数英国人的境遇会有所改善，但那些需要在某一年支付高额医疗开支的人则会境况恶化，这是因为我提出的体系只提供部分保险——保留了驱使消费者慎重选择的诱因。这样一来，医疗体系将会与生活的其他方面无异。电视坏了，我就得买台新的，我的境况要比电视没坏的人差。屋顶需要更换时，更换费用很高，我的境况会比屋顶无须更换的情况差。这其中并无任何违背道德之处，而是世事常有的道理。

毋庸置疑，这一简单的提案还有许多有待完善之处。例如，或许年初发给老年人的现金应多于年轻人，或许发给慢性病患者的现金应

① “至善”，即商业咨询公司 TGG 集团，该集团由列维特联合创办。——译者注

该多一些，等等。

我不知道这种计划在政治上是否可行，但我对英国选民做过一些非正式的民意测验。每次在伦敦搭出租车，我都会问司机是否赞成我的提案。或许出租车师傅只是在跟我客气，但其中确实有75%左右的人说我的方案要比现行的体系可取。

于是，或许是时候再次晋见首相大人了……

民主的替代方案？

列维特

美国总统大选临近，政治似乎成了所有人的心头大事。与多数人不同，经济学家往往对投票选举无动于衷。在经济学家看来，个人手中的一票能左右选举结果的概率微乎其微。因此，投票除非有什么乐趣可言，否则无太大意义。除此之外，有众多理论研究成果——最著名的是阿罗不可能定理①——表明很难设计出能够确切计算选民喜好之和的政治体系/投票机制。

通常，这些对民主利弊的理论探讨令我昏昏欲睡。

然而，去年春天，我的同事格伦·韦尔提出了一种理论，所遵循的思路简洁明了，乃至我很诧异以前居然没人想到过。按照格伦的投票机制，每位选民都可以想投多少次，就投多少次。然而，圈套在

① 阿罗不可能定理，由美国经济学家肯尼斯·阿罗提出，指不可能存在一种社会选择机制，使个人偏好通过多数票规则转换为社会偏好。——译者注

于每次投票均须付费，付费金额为投票次数的平方函数。因此，每多投一票，你所要支付的费用都要多于前一次。为论证起见，姑且假设第一次投票需花费 1 美元，第二次投票则需花费 4 美元，第三次为 9 美元，第四次为 16 美元，以此类推，投票第一百次需花费 10 000 美元。因此，最终无论你对某名候选人有多么青睐，你选择的投票次数都是有限的。

该投票方案有何特别之处？人们最终的投票次数与其对选举结果的关心程度呈正比，这一体系不仅体现了你青睐哪位候选人，还体现了你的青睐程度有多强烈。鉴于格伦的假设，这最终形成了帕雷托最优[①]，即不可能再改善社会中任何人的状况而不损害其他人。

你对这种方案可能提出的第一条批评意见就是偏袒富人。从某个层面来讲，相对于现行体制，这一点确实不假。有个观点或许不受欢迎，但经济学家或许会提出，富人对所有产品的消费量都更多——为何不应增加其对政治影响力的消费？在现行的竞选献金体制中，毋庸置疑，富人的影响力已经远远超过了穷人。因此，限制竞选开支与该投票方案共同实行，或许要比现行体制更加民主。

对格伦的想法可能提出的另一条批评意见是，这会形成强大的诱因，鼓励以收买选票进行选举舞弊。众多漠不关心的公民手中的第一张

① 帕雷托最优，由意大利经济学家维弗雷多·帕雷托提出，指资源分配的一种理想状态。假设有固定的一群人和可分配的资源，如果从一种分配状态转变到另一种分配状态，在没有使任何人境况变坏的前提下，至少有一个人的状况变得更好，这就是帕雷托改善。帕雷托最优的状态就是不可能再出现帕雷托改善的状态。换言之，即不可能再改善某些人的境况，而不使任何其他人受损。——译者注

选票收买起来要比我的第一百张选票便宜得多，一旦将选票的价值以美元计，人们便更有可能会以金融交易的角度来看待选票，愿意买卖选票。

鉴于“一人一票制”实行已久，我认为格伦的想法在重要政治竞选中付诸实施的可能性微乎其微。另两名经济学家雅各布·格尔瑞和张晶晶[①]一直在研究与格伦的想法相似的一种理论，并在实验室环境中加以验证。该理论不仅效果很好，而且让实验参与者在标准的投票体制和这种投标体制之间二选一时，参与者往往选择了投标体制。

但凡是多人在两种方案中二选一的情形，这种投票方案均适用。例如，一群人要决定是去看电影还是去餐厅吃饭、室友要在两款电视之间买哪款等。在此类情形中，从投票人手中收集的资金池会在平分之后，再度返还给参与者。

我希望你们之中或许会有几人受此启发，尝试一下这种投票方案。若果真如此，我自然愿意听一听结果如何！

为政客加薪是否能吸引更优秀的政客？

都伯纳

无论何时你观察一种政治体制，发现这种体制有所欠缺，你都会禁不住这样想：或许我们聘任了水平欠佳的政客，因为这一职位并未吸引到合适的人才。因此，若为政客大幅加薪，我们会吸引到水平更

① 张晶晶名字为音译。——译者注

高的政客。

这一观点并不受欢迎，原因不一而足。其中之一是，政客必须自己进行游说，请求加薪，而且这在政治上并不可行（尤其是在经济贫困的地区）。你能想象报纸的头版标题吗？

但这一想法仍然很有吸引力，不是吗？其思路是，提高民选及其他政府官员的薪金，则会体现该职位的真实重要性；吸引原本可能进入其他高薪领域的合格人才；让政客得以将重心放在手头的工作上，而不必担心自己的收入；让政客可以少受金钱利益的影响。

已有国家在向政府官员支付高薪——如新加坡。以下摘自维基百科：

> 新加坡的部长级官员于2007年得到了60%的加薪，成为世界上薪酬最高的政客。因此，总理李显龙的薪水飙升至310万新加坡元，而美国总统巴拉克·奥巴马的薪水仅为400 000美元，是李显龙的1/5。虽曾有民众在短期内抗议，称相较于所治理国家的规模，这一薪酬水平过高，但政府仍然立场坚定地宣称，为确保新加坡“世界级”政府的效率和廉洁状态得以持续，此次加薪必不可少。

新加坡虽在近期大幅削减了政客的薪酬，其薪酬水平仍然相对较高。

但是否有证据表明，为政客加薪确实可以提高执政水平？克劳迪奥·菲拉兹和弗雷德里克·费南的一篇研究论文称，这一点对巴西的市政府确实适用：

> 我们的主要发现表明，（支付）高薪增加了政治竞争，提高了立法者的水平。衡量标准为教育水平、过往职业类型和从政经验。除了这种正向选择之外，我们还发现工资也会影响政客的表现，这符合任公职价值更高所引起的行为表现。

由费南、厄内斯托·达尔·波和马丁·罗西所著的另一篇发表较晚的论文发现，加薪之后，公务员的水平也会相应提升。这次是在墨西哥的城市：

> 我们发现，以智商、性格以及对公共部门工作的倾向性衡量，高薪会吸引能力更高的应聘者，即我们未发现对动力产生逆向选择[①]效应的迹象。高薪招聘也会提高接受率，表明劳动力供给弹性[②]约为2且有一定程度的买方垄断力[③]。在较差的城市，偏远的地理位置和较差的城市特征严重降低了接受率，但高薪有助于缩小招聘缺口。

我不想说为美国政府官员加薪一定可以改善我们的政治体制，但正如教师工资少于其他领域能力相当的人，这并非良策。同理，尽管

---

① 逆向选择，指由于交易双方信息不对称和市场价格下降产生的劣质品驱逐优质品，进而出现市场交易产品平均质量下降的现象。——译者注

② 供给弹性，指供给量相对价格变化做出的反应程度。供给的价格弹性系数=供给量变动的百分比/价格变动的百分比。——译者注

③ 市场势力具有两种表现形式，卖方垄断力和买方垄断力。买方垄断力是指消费者影响产品价格的能力，也即消费者具有的市场势力。——译者注

在其他行业薪酬高得多，却仍指望会有数量充足的优秀政客与公务员填补职位空缺，这也并非良策。

许久以来，我一直在思考一种更加激进的想法：若政客在任期间的工作经事实证明确实有益于社会，我们则向其发放巨额现金奖励，以资鼓励，这样会有何结果？

政治的一大问题是，政客的诱因与选民的诱因通常并不吻合。选民希望政客解决见效时间长的难题痼疾：交通、医疗、教育、经济发展、地缘政治事务，等等。而相比之下，政客却在强烈诱因的驱使下按照一己私利行事（谋求当选、筹集资金、巩固势力，等等），其多数回报都是短期的。因此，尽管我们对许多政客的行为方式恨之入骨，但他们仅仅是对体制摆在他们面前的诱因做出反应而已。

对政客的工作支付统一报酬，会鼓励他们以权谋私，做出或会违背集体利益之事。但如果我们废除这种制度，建立鼓励他们办事为公的诱因，情况会如何？

这一想法如何付诸实施？根据政客所提出的法案，向其提供相当于股票期权的回报。假如一名民选或委派官员为一个项目工作多年，而该项目最终在公共卫生、教育或交通领域产生了良好效果，到效果得到证实的5~10年后，我们便可向其开具一张巨额支票。对于下列选项，你会如何选择：无论美国教育部长的工作是否有成效，都向其支付200 000美元的标准工资；还是等到10年后，如果其措施确实成功将美国的测试成绩提高了10%，再向他开一张500万美元的支票？

我向多名民选政客解释过这一想法，他们并不认为这完全是异想天开，或许至少只是跟我客气，谎称这并非异想天开。最近，我有机会和参议员约翰 · 麦凯恩讨论了这一想法。他仔细地听完了——自始至终一直在点头微笑，其专心致志的程度简直难以置信，这怂恿我滔滔不绝、不厌其详。最后，他伸出手来，握了握我的手。

“想法很妙，史蒂芬，”他说，“祝你好运，见鬼去吧！”

他转身走开，仍然面带笑容。我此生还没有哪次被一口回绝后，感觉却如此良好。我想这就是成为一名伟大政治家的必备素质吧。

WHEN TO ROB A BANK

第二章

手淫者林伯翰与灾星韦恩

出书之后开博客的一大好处是你可以继续书里开始的对话。书一旦出版，基本上就成了一成不变的东西，但博客可以日日更新，时时更新。更妙的是，你现在有读者队伍为你上天入地，搜寻能佐证（或驳斥）书中所写内容的故事。《魔鬼经济学 1》中有一章名为《完美父母续章》，情况就是如此。在这一章中，我们探讨了一个人的名字对其人生境遇的影响。若论对此理论的孜孜以求，没有哪位读者可以敌得过启发我们写出本章第一篇帖子的女士。

下次你的女儿把新男友带回家，一定要问他中间名叫什么

列维特

最近，我的邮箱收到一份很有意思的包裹，寄件人是一位得克萨斯州女士，名叫M.R.斯图尔特。她自称是一位骄傲的母亲，以及四只斗牛犬的奶奶。

斯图尔特女士有个非同寻常的爱好：剪下某一类别的报纸文章。她将自己的最新发现拍成影印件，寄给了我。剪报全部来自其过去数年间的本地报纸，这些文章有两个共同点：

1. 均为对刑事案件的报道。
2. 在每个案件中，被控作案者的中间名均为韦恩。

不得不说，案例之多令我震惊。为保护这些有可能清白无辜的

人，故将其姓氏隐去：

埃里克·韦恩·×××：性犯罪

内森·韦恩·×××：绑架与殴打、蓄意杀人

罗纳德·韦恩·×××：三起蓄意杀人案

戴维·韦恩·×××：无照从事护理工作十年

拉里·韦恩·×××：蓄意杀人

保罗·韦恩·×××：盗窃

迈克尔·韦恩·×××：盗窃

杰里米·韦恩·×××：蓄意杀人

加里·韦恩·×××：在携带艾滋病病毒并知情的情况下发生无保护措施性行为

布鲁斯·韦恩·×××：蓄意杀人

乔舒亚·韦恩·×××：袭警

比利·韦恩·×××：蓄意杀人

比利·韦恩·×××：侵犯人身罪

比利·韦恩·×××：谋杀未遂和抢劫

肯尼斯·韦恩·×××：性侵犯

杰里·韦恩·×××：谋杀未遂

托尼·韦恩·×××：在儿童面前严重殴打其祖母、抢劫

拉里·韦恩·×××：入室抢劫

理查德·韦恩·×××：与警察对峙

查尔斯 · 韦恩 · ×××：蓄意杀人

或许换作其他的中间名，你也能搜集一份如此可观的名单，但我表示怀疑。当然，所有中间名为韦恩的人都有一个令人闻风丧胆的榜样，即臭名昭著的芝加哥连环杀手小约翰 · 韦恩 · 加西[①]。

斯图尔特女士还收集了中间名与韦恩谐音的剪报：有 4 名蒂韦恩、4 名杜恩和两名德韦恩。

认真查看过这一包裹后，我将两名年纪最大的女儿（6 岁）拉到一旁，告诉她们永远不许交中间名为韦恩的男朋友。奥利维亚正在暗恋班上一个叫托马斯的男孩，打算明天去查看一下他的中间名。

摩根殿下

都伯纳

由于我们的《魔鬼经济学 1》一书有一部分探讨了不同寻常的名字——如荡妇、白痴（发音为沙太德）、柠檬果冻和橙子果冻，经常有读者发邮件，介绍类似的案例。

我认为所有来信都比不上这个，承蒙匹兹堡的戴维 · 廷克提供，寄了一篇《奥兰多前哨报》的文章，文章介绍了布什内尔市的一名 16 岁在校运动员，名叫摩根殿下，他有个弟弟叫英俊，有两个表亲

① 小约翰 · 韦恩 · 加西，于 1972—1978 年在芝加哥性侵犯并谋杀了至少 33 名青少年和青年男性。他曾在慈善活动中扮演小丑，故被称为“杀人小丑”。——译者注

分别叫王子和美丽。（不管怎么说，我从小在农场长大，养过一头猪叫英俊。）

殿下的名字经常缩写为YH，有时也叫海尼——对于这样称呼他的朋友家人来说，该词的含义显然不是“屁股”或“臀部”，但在我家却是①。

我很喜欢“殿下”这个名字，所以打算让我的孩子暂时这样称呼我。

至于其他怪名趣闻，还有一篇悲情的《圣迭戈论坛报》文章（由弗吉尼亚州夏洛茨维尔市的詹姆斯·沃纳寄给我们），文章介绍了一起帮派凶杀案。被害人的名字为唐培里侬香槟②，他母亲的名字为完美的恩格尔伯格。

此名只应天上有

都伯纳

有哪个孩子没有拿自己名字的拼写开过玩笑——比如琢磨倒着写会怎样念？（我承认我小的时候，曾在某些学校论文上签过“芬蒂史·纳伯都”。）说起来，事到如今，去年似乎至少有4 457名父母替孩子代劳

① 殿下的原文为Yourhighness，故缩写为YH，取后两个音节则谐音为Hiney，故译为海尼。Hiney与heinie同音，后者意为“屁股”。——译者注

② 唐培里侬香槟，某香槟品牌，由法国修道士唐·皮耶尔·培里侬创建于1668年。——译者注

了，为他们取名为“堂天”，反着写即为“天堂”。珍妮弗·8·李（她本人也取了个很有福气的名字）在《纽约时报》的报道表明，有个新名字突然蹿红——从1999年的8例飙升至2005年的4 457例。

“在最近出生的几代人中，堂天当然是新生儿名字中最引人注目的现象。”美国命名协会主席及内布拉斯加州贝佛大学的心理学教授克利夫兰·肯特·埃文斯称……堂天的蹿红可追溯至一个事件：2000年，基督徒摇滚明星、P.O.D.成员索尼·桑多瓦尔[①]携女儿堂天在MTV（全球最大的音乐、电视网）登台，“就是天堂倒着写。”他说。

在李的文章中，唯一的古怪之处在于断言称，在美国女婴名字排行榜中排第17位的“堂天”如今要比“萨拉”（Sara）更火——这一点不假，但存在一定的误导性：“萨拉”（Sarah）更普遍的拼法仍然排在第15位。

婴儿起名的叵测性

都伯纳

是否有可能预测出将来哪些名字会蹿红，哪些会被打入冷宫？大众往往会选择先在高学历、高收入父母中间流行起来的名字，根据这一现象，我们确曾预测过某些男女名字可能会在10年后火起来。但是流行潮流——包括起名潮流——的发展套路并不总是一目了然。

---

① P.O.D.为美国20世纪90年代的一支金属乐队，索尼·桑多瓦尔为乐队主唱。——译者注

但假如你必须要选一个过去几年一定会被弃之不用的名字，你可能会选卡特里娜，谁会用一场几乎将整座城市夷为平地的飓风为自己的孩子命名？

实际上，在卡特里娜飓风过后的12个月时间里，这个名字确实排名下滑了，全美仅出现了850例。这一名字在女名榜单上从第247位下滑到了第382位，下滑幅度确实不小——但为何没有下降更多？

你可能以为这是因为远离受灾地区的父母对飓风及其破坏的关注程度有限，这样想的话，你可就错了。

在遭受卡特里娜飓风侵袭最严重的两个州，飓风过后的12个月内取这一名字的婴儿实际上要多于此前的12个月。在路易斯安那州，这一名字从8例上涨到了15例，在密西西比州则是从7例上涨到了24例。（我猜想，取名卡特里娜的比率上涨幅度还要更大，因为两个州有许多流离失所的人在其他地方产子——或许孩子的名字就叫卡特里娜。）

或许路易斯安那州那些初为父母的人为孩子取名为卡特里娜是为了肯定自己在这场飓风中幸存了下来，是一种以毒攻毒的取名疗法。或许他们为自己的女儿取名为卡特里娜是为了纪念不幸去世或失去家园的亲朋好友。但有一点可以肯定：我没听说过有任何人会预测路易斯安那州和密西西比州在飓风过后会出现更多叫卡特里娜的人。不论是对于去年产子的人，还是对于我们无休无止预测未来的执念，这都有同样的启示作用。

人如其名大比拼

都伯纳

所谓人如其名，即所取名字也可描述其职业。在过去，人如其名并非巧合，名字是人们的职业标签。因此，至今仍有许多人姓坦纳、泰勒[①]，等等。但在我们的文化中，这种现象相当罕见。

正因如此，昨天我看到一个人如其名的绝佳例子，才会激动不已。翻阅最新一期《优秀》杂志时，我留意了一下刊头。“调查”一栏下列有两人，所谓调查通常即核对事实的杂志行话。其中一人名叫……佩奇 · 沃西，也就是说，假如某个论据过不了佩奇 · 沃西这一关，那就不值得占据版面，至少对《优秀》来说如此。[②]

这是诨名吗？我表示怀疑——刊头的其他名字看起来都很正经——而且也衷心希望不是，各位能找到比佩奇 · 沃西更妙的人如其名例子吗？

在这篇帖子的末尾，我们宣布邀请读者把自己遇到过的最妙的人如其名例子交上来比试一番。提交作品将由一流的起名学专家（即都伯纳和列维特）组成评委团进行评审，获胜者将收到一份魔鬼经济学周边作为奖品。

---

① 坦纳原文为Tanner，意为制革工人；泰勒原文为Taylor，与Tailor谐音，后者意为裁缝。——译者注

② 佩奇 · 沃西原文为Paige Worthy，与Page-worthy（值得占据版面）同音。“至少对《优秀》来说如此”，也是一句双关，除译文之意外，还有“至少永远如此”之意。——译者注

宣布“人如其名比赛”获奖者

都伯纳

最近，我们发博客写到了一位名叫佩奇 · 沃西的事实核查员，并请读者将自己遇到的人如其名的例子发给我们，读者反应热烈，发了近300份提交作品。从这份样本判断，牙医、直肠科医师和眼科医师似乎尤其容易出现人如其名的现象。在下文，你会看到提交作品精选。但首先，要稍微多了解一下挑起这一切的人——佩奇 · 沃西。

没错，确有其人，而且这也是她的真名，她不仅是《优秀》杂志的调查员，还是《兜风》杂志和《国王》杂志的文字编辑。两个杂志主要面向黑人男性读者，前者是汽车杂志，后者是男性杂志，某些地区称其为《布拉克西姆》。“顺便说一下，我是白人女孩。”佩奇插话写道。她住在纽约，原籍堪萨斯城。据她说，在堪萨斯城，“我就职于一家名为《太阳论坛报》的小型社区报社，担任文字编辑和版面设计，所以我的名字在当时有双重的适当性”。

所以，由于她确有其人，而且名字也是人如其名的绝佳例子，佩奇 · 沃西当然可以获得任何她想要的魔鬼经济学礼品。

其他获奖者：

手淫者林伯翰[①]

一位名叫罗比的读者来信讲述了一起有关公共卫生间隔间隐私期待的爱达荷州法院诉讼案件。这和拉里·克雷格[②]引起的争论有关，以下节选自该爱达荷州案件的案情摘要：

> 被告被警官通过隔间隔墙上的四英寸孔洞目击到在公共卫生间手淫后，因淫秽行为罪名被捕。本院裁决，虽有孔洞存在，林伯翰在卫生间隔间仍然享有合法的隐私期待。

没错，因在公共场所手淫而在卫生间隔间被捕的人名叫林伯翰（软手）。

（“下体”组的荣誉奖得主为写下以下这句话的读者：“我以前编辑过一篇有关阴茎延长技术的医学期刊文章，作者是鲍勃·斯塔布斯博士。最妙的是，他师从一名中国整形外科医师——龙博士[③]。”）

殡仪馆馆长艾肯伯里

一位名叫保罗·A的读者写道：“在印第安纳州秘鲁市，有一

---

① 林伯翰原文为Limberhand，意为柔软的手。——译者注

② 拉里·克雷格，原为美国联邦参议员，后因在明尼阿波利斯-圣保罗国际机场的卫生间涉嫌做出“猥亵行为”，当场遭到便衣警察逮捕。他一度认罪辞职，后又反悔，造成许多风波。在此期间，美国公民自由联盟提交的一份案情摘要援引了明尼苏达州最高法院38年前做出的一份判决。判决显示，在公共卫生间内的封闭隔间参与性行为的人享有合理的隐私期待。——译者注

③ 汉语姓氏“龙”按拼音译成英语为“Long”（长）。——译者注

位殡仪馆馆长姓‘艾肯伯里’（与‘我会埋’[①]谐音）。实际上，他是跟人合伙的，其殡仪馆名为‘艾肯伯里–艾迪’（我会埋，我埋过）[②]。”

（“黄泉之下”组的荣誉奖得主为写下以下这句话的读者：“在我的家乡得克萨斯州阿马里洛市，有一位殡仪馆馆长叫好盒子兄弟。这个绝了。”）

保险员贾斯廷 · 凯斯[③]

我不确定这个例子是真是伪，但我会假定发来这句话的读者凯尔 · S是诚实的人：“我的国营农场保险代理名叫贾斯廷 · 凯斯（以防万一）……”话不必多说了。

最后，虽然我说过奖项只有三个，但人如其名的牙医实在太多，所以我们只能将获奖者增至四名。

以下是我最喜欢的一个：

打碎银牙

一位名叫斯科特 · 慕南的读者写道：“我以前的牙医名叫尤金 · 银牙。从小到大，他的外号一直是‘打碎银牙’。”

---

① 艾肯伯里原文为Eikenberry，与I Can Bury（我会埋）同音。——译者注

② 艾肯伯里–艾迪（Eikenberry Eddy）与“I Can Bury, I Did”（我会埋，我埋过）谐音。——译者注

③ 贾斯廷 · 凯斯原文为Justin Case，即Just In Case（以防万一）。——译者注

（牙医组的荣誉奖得主为一位名叫安舒曼的读者：“很可惜，我从旧金山搬走了，只得离开我的牙医莱斯·普拉克[1]医生。他简直生来就是干这行的，对吗？”）

① 莱斯·普拉克原文为Les Plack，谐音为Let's Pluck（让我们拔掉吧）。——译者注

WHEN TO ROB A BANK

第三章

高油价万岁！

假如有一个领域是经济学家自认无所不知的，那一定是价格。对于经济学家来说，万事万物都可以明码标价，也确有实价。普通人认为价格是商店里令人叫苦不迭的东西，经济学家则认为价格是梳理世界的逻辑。所以多年来，我们自然对此话题有很多话要说。

有人对我的憎恨值 5 美元

列维特

有一个网站——这个网站实在太蠢，连为其做免费宣传都让我难为情——叫 www.WhoToHate.com。网站的经营思路是，你付给他们 5 美元，写下你讨厌之人的名字，网站便会写信给那些人，告诉他们有人讨厌他们。

今天，我收到了这样一封仇恨信件，意即有人对我恨之入骨，愿意花 5 美元，只为了让我收到这样一封电子邮件。

从经济角度来看，他们所提供的产品耐人寻味。花 5 美元的人能从宣布仇恨之情（但完全匿名）的行为中获得益处吗？还是说收件人一方发现他人对自己的憎恨之深所感受到的（或真或假的）痛楚能带来益处？

对于这位主动对我表示憎恨的人士来说，唯有第一种途径才能让其心满意足。收到堆积如山的仇恨信件已经是我的家常便饭了——这些仇恨信件言辞之恶毒远远超过了这封对方花 5 美元让我收到的可笑邮件。实际上，这位憎恨我的人将我称为来自加利福尼亚州（几年前，我访问斯坦福大学时，在加州只是暂住过）的史蒂芬·列维特，让我忍俊不禁。

这让我不禁思考起来，或许允许怀恨者支付多于 5 美元的价格能让网站有所受益，比如花 50 美元来表达仇恨之情，再将这条信息转播给所恨之人，这样才能真正展示仇恨之深。不过，或许怀恨者更愿意分别发送 10 条 5 美元的信息，以制造人人喊打的假象，而非只有一人对你恨之入骨。

该网站最令我难过的地方是，其真正能造成伤害的情况是某些因遭同龄人憎恨而被孤立出来的无辜青少年。对于原本一天所收邮件就屈指可数的人来说，收到 10~12 封邮件说有匿名人士讨厌你，或许确实会令人备受打击。

好消息是，显然并没有太多人对谁有深仇大恨，乃至愿意花 5 美元表达仇恨之情。目前，最遭人憎恨的十人名单中有几位名人（此处略去我从未听说之人，以防他们真是我提到的无辜青少年）。以下是名单及上榜人物收到仇恨信件的次数：

乔治·布什	（7）
希拉里·克林顿	（3）

奥普拉·温弗瑞 （3）

格洛丽亚·斯泰纳姆[①] （3）

巴巴拉·博克瑟[②] （2）

因此，即便是乔治·布什这种遭万人唾弃的人，也只有区区 7 个人愿意支付这 5 美元！登上前十榜单只需要有两个人憎恨你。这对我来说应该不难，我已经完成一半了。

毒贩若能向沃尔格林取经，一定能大发其财

都伯纳

不久前，我在休斯敦和一名医生聊了聊，他是那种老绅士型的家庭医生，如今已经不多见。他名叫西里尔·沃尔夫，原籍南非，但除此之外，他给我的印象是几十年前那种典型的美国全科医师[③]。

我问了他各式各样的问题——近年来其行业有何变化、管理式医疗[④]对其有何影响，等等。问着问着，他突然目露怒火，下巴绷得紧

① 格洛丽亚·斯泰纳姆，美国女权主义者、记者以及社会和政治活动家，是 20 世纪 60 年代后期和 70 年代妇女解放运动的代表人物。——译者注

② 巴巴拉·博克瑟，美国参议员。——译者注

③ 全科医师，又称家庭医生，即处理常见病、多发病和一般急症的门诊医生。在很多西方国家，患者选择先就诊于全科医师，其后若有需要，再由全科医师转诊至医院专科。——译者注

④ 管理式医疗，即由保险机构直接参与医疗服务机构的管理，是减少开支的一种方法。——译者注

紧的，换上了一种义愤填膺的口气。他开始讲述他这一行一个简单而又严重的问题：许多仿制药[1]仍然价格高昂，他的病人根本买不起。他解释道，他有很多病人必须自掏腰包买药，但即便是沃尔格林、埃克德和CVS（方便商店）这样的连锁药店，也要价颇高。

于是，沃尔夫便开始四处打听，发现好市多和山姆会员这两家连锁商店的仿制药售价远远低于其他连锁店。即便将在好市多和山姆会员购买会员卡的成本计算在内，其差价也相当可观。（显然，在两家商店的药店购物并不需要成为会员，但会员卡确实可以再打一次折。）以下是沃尔夫在休斯敦药店查到的90片百忧解仿制药售价：

沃尔格林：117 美元

埃克德：115 美元

CVS：115 美元

山姆会员：15 美元

好市多：12 美元

价格没有打错，同样一瓶药，沃尔格林售价为117美元，而好市多仅为12美元。

我最初也是将信将疑，我问沃尔夫，究竟为何会有人愿意——很可能是每个月——多花100美元在沃尔格林配处方药，而

---

① 仿制药，指剂量、安全性和效力、质量、作用以及适应症与商品名药相同的一种仿制品。专利药品保护期到期以后，其他国家和制药厂即可生产仿制药。——译者注

不去好市多呢?

他的答案是，若有某个退休老人习惯在沃尔格林配处方药，他会一直去那里配处方药，还以为各个药店的仿制药售价（或许可以说所有药品的售价）都相差无几。说的就是信息不对称，说的就是价格歧视!

我本打算写文章探讨此事，也收集了几个相关的链接：休斯敦对沃尔夫的发现所作的一段电视新闻报道，底特律市一名电视新闻记者编写的一份范围颇广的价格比较报告，《消费者报告》杂志的一份调查，以及参议员戴安娜·范斯坦对此问题所著的一篇研究报告。

但整件事被我忘得一干二净，直到读到《华尔街日报》的一篇详尽文章，我才想起来。这篇文章仔细计算了各家连锁药店的差价。多数差价不如沃尔夫所举的例子那般严重，但往往仍然不小。

或许最有意思的一句话如下：

> 接到记者的来电后，CVS称其会将辛伐他汀[1]的售价（从108.99美元）降到79.99美元，作为其“现行价格分析”的一部分。

这么说来，这叫作“现行价格分析”。下一次我答应给孩子买20块钱的玩具，却被抓到在买两块钱的玩具时，我可得记得这个名词。

① 辛伐他汀，降血脂药物。——译者注

新车的前戏

列维特

我的车有10年车龄了，所以这周去买了一辆新车。在《魔鬼经济学1》和《魔鬼经济学2》中，我们用很长的篇幅讲述了互联网如何改变存在信息不对称现象的市场。借买新车之机，我恰好可以亲自观察这些力量对新车市场所起的作用。

我没有失望，我已经知道自己想要哪种车，在15分钟内，且不花一分钱，利用“真车”（True Car）和“埃德蒙兹”（Edmunds）等网站，我不仅详细了解了这款车的合理售价，还通知了几家本地的汽车专卖行我有兴趣听听报价。

仅仅过了几分钟，就有一家汽车专卖行向我报出了比发票价低1 300美元的售价。这似乎是个不错的开端，但我还没来得及把孩子叫到一起，把他们拽去这家专卖行，就有另一家专卖行打来了电话。他们听说了第一家专卖行的报价后，再降了几百美元。我回电话给第一家专卖行，却被转接到了语音信箱，所以我们便出发去第二家。我认为我还远远没有敲定最终价，但足不出户就已经有了良好的开端。

上次买车，我学到不少买车窍门——专卖行口中有关发票价的种种谎言，推销员跑去征询经理意见这种荒唐的捉迷藏游戏，等等。上次看车时，我对整个过程深恶痛绝，但这一次，从更加理智的角度思考，我倒巴不得参与到和买新车有关的繁文缛节中了。

或许我愿意费这个口舌是因为我上一次取得了难以置信的胜利。

我请人把那辆车的合理估价传真给了我——那时还是前互联网时代。我傻乎乎地把那张纸落在了家里，但以为自己记得估价。我为了这个价钱不依不饶：来来回回、反反复复地不断以离店相逼，最终把价钱砍到了比我所记价格少几百美元的水平。回到家之后，我发现我记反了两位数，实际上传真上的价格要比我谈拢的价格高 2 000 美元。由于误以为合理的价格要比实际低 2 000 美元，我费尽口舌，讨价还价，最终做了一笔异常划算的买卖。把传真落在家里，却赚回了几千美元。

因此，我去了汽车专卖行，坐下来讲价。推销员向我解释称，他们报出的价格远低于发票价，小心翼翼地给我看盖有“机密”戳印的价格文件，着重指出他们卖这辆车会亏掉多少钱。我回答说，他和我一样心知肚明，他所开的发票价并非专卖行的进货价。我让他直接告诉我最低价，他消失了片刻，佯装去请示老板，但很可能只是去看看棒球比赛谁赢了。

就在他消失的当口，恰好有第三家专卖行发给我一封报价邮件，这次报价要比我当时所在的专卖行给出的最低价还要低 1 500 美元。他回来后说，他最多只能再便宜 200 美元。我说：“这可没用，因为另一家专卖行刚刚的报价要低 1 000 多美元。”我把手机递给他，让他看那封电子邮件。他对这家专卖行贬损了一番，又去找来了老板。老板向我保证，他们最后给出的报价已经是他们能给出的最低价了——由于各种原因，这个价钱非常划算。

我说：“好吧，但你们不能再优惠的话，我就离开这里，去另一家专卖行。”

据我估计，此时我们的前戏已经做了一半，再有15分钟左右的时间，一番抱怨之后，我们便可按照第三家专卖行的报价买下这辆车。这价钱仍然很有可能给得太高，但我愿意承担这样的后果。

“那么我就准备走了。”我重申道。

“好吧，”经理说道，“要是在那家专卖行没谈拢，你再回来，我们会按先前给出的价格把车卖给你。”

我站起身来，开始把孩子叫到一起。这些都是胶着的谈判过程中的一部分，他们对我坐视不理，仿佛忘记了这些都是前戏的一部分。即便他们忘了自己的台词，我仍然记得自己的台词，“我们都知道，今天我要是离开这里，就再也不回来了。”

对此，对方只是说：“我们愿意冒这个风险。”

于是，我离开了那里。

我震惊不已，这家专卖行在网上发给我报价，只优惠了200美元，然后又微笑着坐视我去别家买车。有鉴于此，我认为新专卖行给出的价格一定算是非常优惠了。我没有精力和新专卖行再来一场前戏，于是二话不说便接受了其报价。

周二，我便拿到了车。

2 500万美元没门，但5 000万美元可以考虑

列维特

至少对我本人来说，没有多少问题能让我回答 “2 500万美元没

门，但5 000万美元可以考虑”。2 500万美元已经是巨款了，难以想象这笔钱要怎么花。能得到2 500万美元自然不错，但我不确定自己为何需要再拿2 500万美元。

美国参议院倒是希望阿富汗或巴基斯坦有人不这么想。由于悬赏2 500万美元捉拿奥萨马·本·拉登失败，参议院心有不甘，于是以87票对1票投票决定将赏金增加到5 000万美元。（唯一的反对者是来自肯塔基州的共和党议员吉姆·邦宁。）

从某个层面来讲，政府此举让你不由得欢呼喝彩。对一名巴基斯坦农民来说，5 000万美元是难以想象的巨款。对美国政府来说，在伊拉克的月开支便高达100亿美元，5 000万美元不足挂齿。如果伊拉克战争的主要目标之一就是除掉萨达姆·侯赛因，试想一下，假设向所有人悬赏1 000亿美元，只为了不择手段地把他赶下台，这样的成本该有多低。萨达姆本人或许会欣然接受赏金，卸下治国的苦差事，换得1 000亿美元养老金和一栋设施齐全的法国庄园。

诚然，我们此前写过提供巨额赏金能鼓励人们攻克难题的优点，无论是救死扶伤，还是改进奈飞公司[①]的计算程序。

另一方面，如果连我都不觉得2 500万美元和5 000万美元有何不同，就更难想见提高赌注会让一名犹豫不决的巴基斯坦人偏向于配合美国政府。

① 奈飞公司（Netflix），美国在线影片租赁提供商。——译者注

更为重要却较难实现的一点是，设法让人相信我们确实会兑现赏金。我相信赏金得主及实分数额的确定会十分慎重。例如，假如我做了一些数据分析，设法将其行踪缩小到了方圆 1 000 码的范围内，然后海豹突击队对该区域进行调查，找到了他，我会得到赏金吗？我并不确定他们会发给我赏金。我猜想，有本·拉登线索的巴基斯坦农民想必和我有同样的疑虑。

实际上，这笔赏金最终确实没有兑现。据美国广播公司新闻报道，“（2011 年）5 月 2 日在巴基斯坦击毙基地组织头目的突袭行动是电子情报的功劳，而非人类告密者……中情局和军方从未将愿意出卖他的告密者安插为基地组织成员。”

百事愿意花多少钱收买可口可乐的秘方？

列维特

最近，几名心术不正的可口可乐员工企图将企业机密出卖给百事时被当场抓获。百事告发了不法分子，配合完成了突击圈套。

百事高管放弃乘可口可乐之危、赚取暴利的机会，是为了“伸张正义”吗？

昨天，我和朋友兼同事凯文·墨菲一起吃午餐，他提出了一个耐人寻味的观点：知道可口可乐的秘方对百事来说几乎一文不值，其逻辑如下。

假设百事知道了可口可乐的秘方，可以公之于众，让所有人都能生产出和可口可乐味道相同的饮料，这很像处方药专利过期后被仿制药公司挤占市场的情况，由此产生的影响是，可口可乐正品的价格大幅下跌（想必不至于一路跌至假冒可口可乐的价格水平），可口可乐显然会大难临头。百事大概也不会有好下场，既然可口可乐的价格便宜得多，人们不会再喝百事，而会改喝可口可乐，百事的利润也很有可能会下跌。

因此，百事若有可口可乐的秘方，定然不会公之于众。如果百事将秘方据为己有，生产出味道与可口可乐完全相同的饮料呢？如果它真的能让人们相信其饮品与可口可乐完全相同，新的百事出品版可口可乐和正品就会成为经济学家所谓的“完全替代品”。两款商品若是在消费者眼中基本可以相互替代，这往往会导致激烈的价格竞争和微薄的利润。因此，无论是原版可口可乐，还是百事的仿冒品，均无太高利润可图。由于可口可乐的价格更低，消费者不会再喝原版的百事可乐，改喝可口可乐或新的百事出品版即可口可乐仿制品，而后者的利润要远低于原版的百事可乐。

到头来，假如百事有可口可乐的秘方，并采取行动，可口可乐和百事双方的利益都很有可能会受到损害。

因此，百事高管告发涉嫌窃取可口可乐秘方的人或许是为了立身行道。

或许是因为他们只是精明的经济学家。

我们能否立刻取缔美分币？

都伯纳

起初不经意的观察却不知何故发展成了一场斗争，而都伯纳则成了废除美分币运动的非官方代言人。在一段有关此话题的《一小时访谈》节目中，他说美国深受“美分币情结”所累，而美分币的用处堪比“手上长出第六根半手指”。

以下为多篇反美分币帖子的节选。

每次拿一美元去找零，我都会让收银员把一美分硬币自己留着。不论是对我、对她，还是对你们，这些硬币都不值得浪费这点时间。有时，收银员会出于便于记账的目的拒绝我。在此情况下，我会客气地接过硬币，然后扔进最近的垃圾桶里。（这是否违法？这要是违法，那我猜扔钱进许愿池的人也都应该抓起来。）

假如我是那种经常每天兜里装满零钱，或把所有零钱都带去银行或超市投币机的人，那或许攒硬币倒也值得。但我并非如此，所以攒硬币也就不值得。由于这几点，加之通货膨胀的现实情况，多年来，我一直盼望着美分币能遭到取缔，或许还有5分镍币。（小时候，我们玩“大富翁”游戏，从来不用一美元钞票，各位用吗？）

取缔一美分硬币的理由不一而足，但或许你唯一需要了解的一个就是，美国政府铸造一枚美分币的成本要远高于一美分。鉴于每铸造一枚美分币都要造成一定损失，而美分币本身又无任何实质用处，取缔一美分硬币似乎是不假思索就可以决定的事。由于通货膨胀，无论是对生产者还是消费者，这都成了下策。

但我也乐于见到丢弃零钱的一个合理替代方案：将美分币的“底值”调整为5美分。该方案来自芝加哥联储的经济学家弗朗索瓦·维尔德。我倒希望掌管美国货币的严肃人士能够重视这一观点，但鉴于我对美分币、政治和无为惯性的了解，我并不会翘首以盼。

为何美国仍在使用一美分硬币？一大原因是说客。最近，我出现在一段名为“铸币有理”的《一小时访谈》节目中。我探讨了保留一美分硬币的荒唐之处，但《一小时访谈》也包含了支持美分币的阵营。

以下为一段节选：

马克·韦勒代表“美国人保护美分联盟”发言。该联盟为拥护美分币组织，声称将美分化零为整会让美国人每年损失6亿美元……他称，若无美分币，慈善机构也会受到连累。其理论依据是，人们不太可能再会捐出同等数额的5分币。事实上，由于举国上下的美分币需求，每年可收集数千万美元的捐款，用于医学研究、救助无家可归者、改善教育……

但韦勒也坦然承认，他本人在高成本的铸币工业中有经济利益：韦勒是贾登锌产品公司的说客。这所田纳西州企业将空白的小锌盘出售给铸币厂，供其压制成带有林肯头像的美分币。

我想与其浪费时间在这里发声反对美分币，我还不如去收购锌期货。

“美分币大辩论”仍在苟延残喘般地进行着，一亿枚由小学生收集的一美分硬币在洛克菲勒中心展出。与此同时，许多人仍在呼吁废除一美分硬币。

我坚决站在废币主义者一边。对于保留美分币的原因，我能想到的只有惯性使然和念旧情怀，所谓的无谓损失！

近来在所有支持美分币的辩护理由中，我见过的最荒唐的一个，出现在《时代》杂志刊登的一则整版广告中。该广告由维珍移动发布，意在宣传其短信服务收费低廉，以至区区一美分也值得留在手中，其标题为：

新法案将取缔美分币

接下来是什么？小狗崽和彩虹也要取缔吗？

以下是引起我注意的一句话：

美国人有何看法？66%的人愿意保留美分币，而79%的人会从地上捡起一枚美分币。

如果你一直读到广告末尾的星标注释，你会有以下发现：

来源：第八次年度币星全美货币调查

各位可能有所不知，币星就是在超市放置零钱兑换机的公司。你可以将零钱筒里的零钱倒进兑换机，然后收到一张收据，拿到收银台即可兑换纸币。显然，币星公司提供该服务会收取 8.9% 的佣金。

虽然币星全美货币调查据称是由独立市场调查机构编制的，可不知怎的，调查既然由一家靠收集硬币赚钱的公司委托进行，得出的结果称 2/3 的美国人“愿意保留美分币”，也就不足为奇了。

我并非执意要反对美分币，但顺其自然便走到了这一步。如今，但凡有可能，我都会公开大声呼吁废除一美分硬币。

就在我坚信美分币作为货币一无是处的时候，有人终于为美分币找到了用武之地，这让我开始三思自己赶尽杀绝的观点：用美分币来铺地板!

在横跨纽约高线公园[①]的新标准酒店内，美分币地板便铺设在标准烧烤店里。标准酒店告诉我们，每平方英尺地板用了 250 枚美分币，总计 480 000 枚美分币。

各位若是有人在考虑家居装修，这样的地板材料每平方英尺仅花费 2.5 美元。相比玻璃砖（25 美元）、抛光大理石（12 美元）、瓷砖（4 美元），乃至强化胡桃木地板（5 美元），这一价位都要划算得多。这倒很能说明美分币作为货币的一无是处，即便被算作真金白银，美分币的价值仍然不如其他任何地板材料。

---

① 高线公园，位于纽约曼哈顿中城西侧的线型空中花园。——译者注

魔鬼计划生育学！

列维特

长久以来，反堕胎运动一直能洞悉人们会对诱因作何反应。事实证明，诊所外的抗议者作为一种策略，能够行之有效地提高堕胎的社会及道德成本。

如今，费城的一家计划生育诊所想出了一种极其巧妙的反击策略，即所谓的“纠察抵押”。其解释如下：

> 每次有抗议者在我们的蝗虫街医疗中心外聚集，我们的患者都要受到言语攻击，他们看到意在混淆视听、恐吓威胁的配图标语……我们都被辱骂成了杀人犯，被斥责为犯下罪孽的人，还被告知要为我们的行为付出“终极代价”。
>
> 捐款方案如下：你自己决定愿为每名抗议者捐献多少金额（最低10美分）。有抗议者出现在我们门前的人行道上时，宾夕法尼亚州东南部计划生育委员会会清点和记录每天的人数……我们会在医疗中心门外张贴告示，公布押金数额，让抗议者自知其行为有益于该委员会。为期两个月的活动结束后，我们会将最新的抗议活动消息及捐款金额提醒寄给你。

我的预测是，全美各地的堕胎诊所很快会效而仿之。在我看来，此举的巧妙之处在于，支持堕胎自由者面对抗议者所感到的愤慨之情、满腔怒火和无奈之感，由此转化成了代表支持堕胎自由一方反对抗议者的经济诱因。大致来说，我认为捐款数额会有所上升，因为潜在的捐款者会乐见于抗议者的存在，或者至少不如以往痛心，这很令人振奋。另一方面，假如我是抗议者，所做之事可能会助长计划生育的势头，这是令人生厌的想法，会削弱抗议的作用。

7 200 亿美元遗失，拾到者请归还失主，现金为宜

列维特

据标准普尔/凯斯–席勒房价指数统计，在 2007 年全年，美国的房价下跌了 6%左右。据我粗略估算，这意味着业主因此损失了约 7 200 亿美元的财富，折合即全美平均每人损失约 2 400 美元，每名业主平均损失 18 000 美元。

然而，相较于股市下跌，每年损失 7 200 亿美元似乎并不算多。美国股市的市值总额与房地产市场的总值同属一个量级（10 万亿~20 万亿美元）。1987 年 10 月的某一周，美国股市损失了 30 多个百分点的市值。

7 200 亿美元这一数字还相当于美国政府最初几年在伊拉克作战的开支。

你若是业主，会有多伤心？想必应该非常伤心。但我猜想，你在以下情景中的伤心程度要远甚之：去年的房价没有下跌，但某日，你从银行取出了 18 000 美元，准备以现金购买一辆新车，但随后有人把你装有 18 000 美元现金的钱包偷走了。这一天结束后，你的财富总值是相等的（均减少了 18 000 美元，要么是因为名下房产贬值，

要么是因为现金被偷），但其中一种损失造成的心理伤害要远甚于另一者。

房产等资产亏损带来的伤害有限，有几种可能的原因。其一，这并非有形的资产损失，毕竟房产价值几何，没人能有确切的定论。其二，只要别人的房产也亏损了，伤害程度便会减轻。（我曾经听某富豪说过，他并不在乎自己的绝对财富值，只在乎他在《福布斯》首富排行榜上的排名。）其三，房价下跌怪不到自己头上，但带18 000美元现金出门的决定却值得三思。其四，钱落到了小偷手上，这造成的伤害或许要甚于房价下跌等情况中的财产凭空蒸发。或许还有其他原因。

总体而言，经济学家理查德·塞勒首创了心理账户一词，用以描述人们似乎认为不同资产不可互换的思维方式，而在理论上，这些资产似乎理应可以互换。尽管会被经济学家取笑，但我本人肯定也会使用心理账户，对我来说，打牌赢了一美元的意义要远大于因股市上涨而挣得一美元。（同理，打牌输掉一美元的心痛程度也要远甚于后者。）

即便是否认自己受到心理账户影响的人，也往往会深受其害。我有个朋友便属于这类人，他对美国职业橄榄球大联盟的比赛下注，赢了一笔巨额奖金（相较于其惯常的赌球金额来说是巨额，但相较于其总资产来说则微不足道）。第二天，他用所得奖金买了一根高档的新高尔夫长打棒。

这一切对房价有何启示？实际上，即便房价再度回升，装成小包的现金和早报一起丢在你家门外，以这种方式回升带来的乐趣也要远多于房产直接升值。

我想，那些将房屋抵押贷款取现的人早已想通了这一点。

加拿大的艺术流行乐歌手与百吉饼生意人有何共同点？

都伯纳

我们在《魔鬼经济学1》中写过由经济学家转行为百吉饼生意人的保罗·费尔德曼。和他相似，歌手简·希布丽决定通过全凭自觉的支付方案向公众发售其商品。她给了歌迷四种选项：

1. 免费（由简赠送）
2. 自定数额（立即付款）
3. 自定数额（以后付款，以便真正了解之后再做决定）
4. 标准结算（今日售价为约0.99美元）

随后，她很机智地将截至当日的付款率数据公布了出来：

接收简赠送礼物的百分比：17%

按定价支付的百分比：37%

以后付款的百分比：46%

每首歌的均价：1.14美元

支付数额低于建议价的百分比：8%

支付数额等于建议价的百分比：78%

支付数额高于建议价的百分比：14%

更加机智的是，希布丽将每首歌的平均付款率贴在了付款选项的下拉菜单中——再次提醒你，嘿，非常欢迎你盗取这首歌，但看看近期的其他人是怎样做的。

看起来希布丽女士相当纯熟地运用了诱因的力量。这至少产生了两种耐人寻味的效果：人们可以通过听过音乐、判断过歌曲对其的价值后，再决定付款数额（笼统地看，人们通过这一选项购买每首歌的比例最高），这用到了经济学家钟爱的可变定价法，将定价权交予消费者，而非商家。

我认为，唱片公司要经过一番苦口婆心的劝说才会愿意在大范围内试验这一模式。不过会到其网站购买音乐的简·希布丽歌迷想必是有着高度自觉选择性的群体，远比普通下载者忠诚。但即便唱片公司视财如命，将来出现更多此类案例，我也不会意外。

两天后……

简·希布丽的严厉谴责

都伯纳

显然，简·希布丽并不欢迎别人为其网站赚眼球。她的网站允许人们自定价格付费下载希布丽的音乐。我很欣赏这种创意，便就此写了一篇博客。但今天，希布丽在其Myspace（聚友，全球第二大社交网站）日志中写了以下内容：

> 商店的“自定价格”政策再次成了焦点，“魔鬼经济学”写了一篇网络文章，美国广播公司新闻台发来了邮件。我并不想吸引眼球，我想我会把定价政策改为“你想付多少就付多少，但歌我是不会给你听的”。

哎哟，深表歉意，希布丽女士，看起来我们和流行歌手是素来不睦——还有人记得列维特曾经宣布过托马斯·多尔比[①]要发行新唱片的消息，结果却发现消息是子虚乌有吗？

我想我们对流行歌手还是死心算了，然后一门心思研究毒贩、房地产中介和打牌出老千吧。

运动员愿意缴纳多少税款？

都伯纳

拉弗曲线是一个异想天开的概念，试图说明税率达到一定水平后，税收会下降，因为收入者要么会搬走，要么会决定减少收入（或在我看来，会增加逃税额）。

假如我是一名有意研究此概念的税收学者，我会仔细观察现今顶尖职业体育运动员的行为。拳击尤其耐人寻味，因为拳击比赛选手可以自由选择比赛场地。假如你是职业高尔夫球选手或网球选手，你或

① 托马斯·多尔比，活跃于20世纪80年代的英国歌手，主要风格为合成器流行。——译者注

许有退出某项赛事以避税的念头，但一般而言，你都得在赛事举办地参加比赛。与之相反，顶尖的拳击手却可以在收入最高的地方比赛。

正因为如此，曼尼·帕奎奥[①]很可能永远不会在纽约比赛这种消息读来就很耐人寻味了——据筹办人鲍勃·阿卢姆称，这主要是因为他需要缴纳的税款过高。

以下摘自《华尔街日报》：

> 曼尼在加利福尼亚州、田纳西州、得克萨斯州和内华达州战绩赫赫，日本及其祖国菲律宾更不在话下。但本周，借帕奎奥在纽约宣传其下一场比赛——11 月在澳门对阵布兰登·里奥斯[②]——之机，帕奎奥的团队称他不会在巴克莱中心和麦迪逊广场花园[③]这两个场馆比赛，因为他不仅要向联邦政府缴税，还要向州政府缴税。
>
> “他疯了才会这样。”帕奎奥的筹办人鲍勃·阿卢姆称。

在一篇《洛杉矶时报》的文章中，阿卢姆称帕奎奥今后或许不会再在美国比赛：

> 如本次对阵里奥斯一样在美国以外的地区比赛，曼尼就不必再向美国纳税——外国运动员的税率高达 40%。

---

① 曼尼·帕奎奥，菲律宾职业拳击运动员，现任国际拳击组织和《拳击》杂志轻中量级拳王，曾夺得 8 个不同级别的世界拳王金腰带。——译者注

② 布兰登·里奥斯，美国次中量级拳击手。——译者注

③ 这两个地方均位于纽约。——译者注

假如如我们所料，付费观看等政策正式实施，我想帕奎奥今后再也不会在美国比赛了。

除税收之外，当然还有其他因素在作祟——如赌博，这也是澳门成为拳击中心的一大原因。但无论如何看待拉弗曲线，世界各地的税率差也难以忽视，对运动员这种可在短时间内赚取巨额收入的人则更是如此。

1 月，高尔夫球运动员菲尔·米克尔森称他“要被迫做出巨大的变动”，以应对联邦政府和加州的税率上涨（其居住地为加州）。

“若是将联邦的各种税率加起来，再看看政府的失职、失业率、社保和加州的情况，我的纳税率会达到 62%~63%。”他说。

米克尔森不仅账务遭到了质疑，甚至作为有史以来最受欢迎的高尔夫球运动员之一，也因公开表达对税收政策的不满而广受抨击。因此，上月在苏格兰两场背靠背的比赛（苏格兰公开赛和英国公开赛）中取得连胜后，他缄口不言，但媒体替他发声了。在《福布斯》杂志上，库尔特·拜登豪森写了一篇（非常优秀的）文章，探讨了米克尔森的英国税率表，估算其近 220 万美元的收入总计要缴纳 61% 的税。

拜登豪森分析了这一耐人寻味的小问题：

但不止于此，他在苏格兰两周时间内的部分代言收入要向英国纳税。他比赛获胜所收到的全部奖金和部分年终排名奖金都要向英国纳税，税率均为 45%……

英国是少数几个会对在英国比赛的非常住运动员征收代言

所得税的国家之一（美国也是其中之一）。由于该规定，田径名将尤赛恩·博尔特自2009年以来从未在大不列颠境内参加过比赛。唯一一次例外是2012年夏季奥运会，因为奥运期间暂停征税是举办奥运会的条件之一。西班牙的拉斐尔·纳达尔也因英国的税收政策而更改了其网球赛程表。

也不要忘记，当代最伟大的耐力型选手米克·贾格尔[①]多年前便因税务原因逃离了英国（而且英国警察曾多次逮捕他本人及其队友）。

鸡翅定价

列维特

不久前的一天，我顺道进了一家本地炸鸡加盟店——哈罗德炸鸡小屋，为了让各位对这家餐馆的大体环境有所了解，在此说明，员工和顾客之间隔了一面防弹玻璃窗。这里的鸡肉是现点现炸，所以我在上菜前有5~10分钟的时间需要打发。

菜单上有一项是鸡翅套餐，所有套餐均包含分量相等的炸薯条和凉拌菜丝。

双鸡翅套餐价为3.03美元，而三鸡翅套餐为4.5美元。

鉴于两种套餐的唯一区别就是多加一只鸡翅，顾客要为这第三只

① 米克·贾格尔，英国滚石乐队主唱，于1971年因拖欠巨额税款而逃离英国。——译者注

鸡翅付 1.47 美元。我认为这很有意思，因为假如前两只鸡翅每只定价为 1.47 美元，炸薯条和凉拌菜丝的隐含价格则仅为 9 美分。因此，似乎哈罗德对第三只鸡翅的隐含定价要高于前两只鸡翅。这非同寻常，因为企业往往会实行量大优惠的策略。

我又细读了一下菜单：

双鸡翅套餐	3.03 美元
三鸡翅套餐	4.50 美元
四鸡翅套餐	5.40 美元
五鸡翅套餐	5.95 美元

四鸡翅套餐和五鸡翅套餐的价格与企业通常的定价策略较为相符。

那么各位猜猜看哈罗德对六鸡翅套餐如何定价？答案如下：

六鸡翅套餐	7.00 美元

真是古怪极了。

经济学家一旦看到不合常理的事情，就会禁不住设想出某种缘由，对看似古怪的行为进行合理解释。或许哈罗德对六鸡翅套餐定价偏高是因为警惕肥胖症？不见得，因为菜单上的每道菜都是油炸的。第六只鸡翅是否分量特别足或者味道格外鲜美？点六鸡翅者的需求是否缺乏弹性？

或许能从其他菜式的定价中找到一些头绪，炸鲈鱼与炸鸡的贩售方式相似，同样搭配炸薯条和凉拌菜丝出售。

以下为鲈鱼的定价：

双份鲈鱼套餐	3.58 美元
三份鲈鱼套餐	4.69 美元
四份鲈鱼套餐	6.45 美元

因此，你可以以优惠价点到第三份鲈鱼，但点第四份的时候，会被狠宰。这显然表明，按照哈罗德的思维方式，这种定价策略有某种逻辑可循。

但到最后，我猜想选择如此定价的人自己不过也是一头雾水。经过多次和企业共事，我所悟出的一点是，他们与经济学理论中理想化的利润最大化机器形象相去甚远。混沌是企业普遍的弊病，毕竟企业也是由人构成的，而既然多数时候人都对经济学一头雾水，那么这种特点为何不会延续到企业中？

奇异果为什么这么便宜？

都伯纳

近来，我经常吃奇异果。（你们或许有人称其为猕猴桃。）我家住曼哈顿西区，在我家附近的街角食品店里，我花 1 美元就能买到三只奇异果（奇异果香甜可口）。除非标签有假，这些奇异果产自新西兰，新西兰产奇异果每只 33 美分，这价钱要低于寄平邮信到曼哈顿东区的价格。（相信我，我认为平信邮资是有史以来最划算的价格。）从种植、采摘、打包，到运输，一只水果漂洋过海的成本究竟何以会低至如此？

令水果的问题愈加复杂的是，我买一根（同样进口的）香蕉和一只奇异果所花的价钱等于一个苹果的价钱，而这个苹果很可能产自纽约上州这种近在咫尺的地方。因此，我致信给塔夫茨大学弗里德曼营养学院的食品经济学家威尔·马斯特斯。

想必各位知道，多数经济学家对此类提问都会以赋诗作答，威尔也不例外：

供也骂来需也烦，
火腿贵来生猪贱。
麦贱面贵为哪般？
市场之恶由来远。

商者有一引吾厌，
恰恰如那美邮局。
价廉物美或可赞，
胡作非为谁人管？

市场屡屡遭劫难，
中人掮客惹人怨。
海德公园[1]有计献，

[1] 此处的海德公园应代指芝加哥大学，与英国的海德公园无关，因为芝加哥大学主校区位于芝加哥市南的海德公园和伍德朗街区。——译者注

另有隐情勿贸然。

芝大布斯[①]今人观，

细细把那实情探。

因那莱氏与利氏[②]，

魔鬼经济人人谈。

无论弗氏[③]有何言，

且看数据如何算。

水果蔬菜价高低，

市场优势使其然。

边际理论释疑诞，

原理一如摇尾犬。

卖方买方交易员，

交流互动生价钱。

奇异一只卖几钱，

美分只要三十三。

全国农场纽约店，

---

① 芝大布斯，芝加哥大学布斯商学院。——译者注

② 莱氏指莱斯特；利氏指约翰·利斯特，芝加哥大学经济学院院长。——译者注

③ 米尔顿·弗里德曼，美国当代经济学家，货币学派代表人物，认为价格在市场机制中对资源调度起信号作用。——译者注

入市贩多无人管。
苹果价贵却相反，
缘由马上来道完。
摘采苹果辱身份，
招徕移民降成本。

香蕉情况则不然，
入口无子种者欢。
收割运输成本贱，
劳无所得谁来管？

粮食由来三大关，
生产种植装车运。
关关应需价格廉，
其他成本却翻番。

买方选择也有关，
高档香波无稽谈。
无用之物却不贱，
价值高低看价钱。

人性如此难改变，

也有世事归因难。
人生玄妙难看穿，
历史习惯或使然。

市场竞争定贵贱，
加之政客关税拦。
奇异美味价高低，
全看以上此两点。

妙哉。

彼特·罗斯[①]指点基本经济学之道

列维特

不久前，彼特·罗斯在一堆棒球上签了名，棒球上有题词曰：“抱歉我赌球了。”据媒体报道，他将这些棒球送给了朋友，并不曾有过出售赚钱的意向。

但部分签名球得主的产业方决定将其中30只予以拍卖。据推测，其售价将或高达数千美元。

恰在此时，罗斯本人插手干预，亲身示范了一条基本经济学之道：只要有近似替代品出售，真品的价格就不会太高。

---

① 彼特·罗斯，曾为美国职业棒球大联盟球员及教练，于1989年承认有过赌球情形。——译者注

罗斯听说有人在拍卖这些棒球时，主动提出在自己的网站上出售有同样题词的棒球，售价仅为 299 美元，这有效地摧毁了拍卖棒球的市场。诚然，新签的棒球并非完全替代品，因为收藏者仍然可以自称拥有 30 只原版签名球中的一只。有鉴于此，你不会指望原版签名球的拍卖价会一路直降到 299 美元。实际上，拍卖遭到了叫停，这些棒球最终的售价为每只 1 000 美元。

（向约翰·利斯特致敬，据我所知，他是唯一一名由棒球纪念品商人转行为经济学家的人。）

但愿上帝也有企业赞助……

都伯纳

……我是指在《创世记》描写的创世之初。他若是将每种动物、矿物和蔬菜的冠名权出售，各位能想象他会多么有钱吗？

如果说上帝在企业赞助问世之前的日子里含辛茹苦是时运不济，芝加哥白袜队[①]就可谓生逢其时了。该队刚刚宣布此后三个赛季中，其晚间主场比赛的开赛时间将调整为晚上 7:11，而非传统的晚上 7:05 或晚上 7:35。为何如此？因为连锁便利店企业 7–11 为此支付了 500 000 美元赞助费。

近来，我留意到广告出现在了众多不可思议的场合中：如贴在生

① 芝加哥白袜队，美国职业棒球大联盟球队。——译者注

鸡蛋上、印在飞机呕吐袋上。但不得不承认，将时间本身折合为一定价值，而且还能将这价值为己所用，这确实是别出心裁的想法。

或许我明天会对此话题再做详述。

萨伦伯格机长想说（却碍于情面未说）的话

史蒂夫机长

史蒂夫机长是一名经验丰富的国际飞行员，供职于一家大型美国航空公司，也是“魔鬼经济学”之友。（由于所写内容较为敏感，他选择了匿名。）这篇帖子发表于2009年6月24日，即“哈得孙河奇迹”发生六个月后。在那次事件中，切斯利·萨伦伯格机长将一架空客A320–200客机安全迫降于哈得孙河。飞机从纽约拉瓜迪亚机场起飞后不久，因遭飞鸟撞击，两个引擎全部失灵。

读过了萨伦伯格机长各种演讲的一些摘录，尤其是几周前在国家运输安全委员会上的演讲，我想加几句拙见。

萨伦伯格机长一直是行业翘楚，他没有小肚鸡肠，不会装腔作势，也不自私自利。然而，他与我认识的多数机长，或者更进一步说，与我认识的多数飞行员并无二致。为什么？他并不需要有什么特别之处。他以及众多和他一样的男男女女都完成过这样的成就，再有人有此壮举时，我们有什么可吹嘘的？

他暗示称，作为全美航空1549号航班的“机长”，他只是在履行分内的职责。他已经尽其所能地做到了如实相告、实事求是：“请不要夸我，也不要鼓掌，这是我分内的事而已。”但在某几次演讲中，他也暗示称，是多年乃至数十年的经验让他为这次“人生大事”做好了准备，得以安全、顺利地操控飞机迫降在哈得孙河上。

他欲言又止的话如下：

> 我们作为航空飞行员，面临着一场必败无疑的公关之战。你们以为我们收入不菲，享受王公贵胄的待遇，完全是无稽之谈。为何长久以来，我们在这场公关之战中节节败退？很简单，因为我们多数人都像“萨利”①一样，施展我们训练出来的本领，并不需要掌声或吹捧。然而，我们却也明白，我们为了得到这份工作，精益求精，为了保住饭碗，每日严于律己，所以理应得到合理的报酬。飞行员人人喊打的热潮即将到达爆发的临界点。

地方航空公司，如科尔根航空公司飞往水牛城的航班（后坠毁，机上49人全部身亡）②，聘用工资最低的飞行员最终造成巨大的灾难。需要声明的是，对飞行员本人无意冒犯，完全是对事不对人。责

① 萨利是萨伦伯格的昵称。——译者注

② 2009年2月12日晚，科尔根航空公司3407号班机在飞往水牛城途中坠毁，共造成50人死亡，包括机上49人以及一名地面居民。经读取失事飞机的黑匣子，调查人员认定两名飞行员对事故负主要责任。——译者注

任在于体制，在于不惜代价追求金钱与利润。

航空历史101课：直到20世纪80年代中期，惯例仍然是年轻飞行员先由大型航空公司聘用，担任随机工程师，此后还需操纵数年旧型号飞机的系统，在此期间，其本人一直在观摩学习。这些“飞行员”新手坐在随机工程师的位子上，一面履行职责，一面日复一日地观察正牌“飞行员”操纵飞行。

随机工程师从经验丰富的飞行员那里，学习到了如何在真实世界里降落在奥黑尔机场[①]和拉瓜迪亚机场。他们学习如何决策、如何授权以及得到法律确认的“机长最终决定权”的实际情形。得到晋升机会后，他们会晋升为副驾驶员。副驾驶员的职责是辅佐机长执行飞行任务，但即便是担任新副驾驶员期间，他们仍然可以像随机工程师在一样继续学习。这种三人机组的搭档形式如今在国内市场已成追忆，但在国际上仍是通行做法，被公认为是一道保护防线。

但这种做法已被废弃。如今，国内航线逐渐转由地区航空公司承包，如科尔根、美鹰航空、空美航空、梅萨航空，等等。这些航空公司聘用工资最低、资历最浅的飞行员，让他们在最严酷的环境中飞行。航空管理团队会说这是可行的，而且只是常规飞行，但在我看来，恕难苟同。

就像医生告诉你需要做四重心脏搭桥手术。此时，你上网搜到了市面上的最低价，赶忙预定手术，因为这一价位的手术只有两天能做。

① 奥黑尔机场，芝加哥市的主要机场。——译者注

我们之中会有人这样做吗？不会。我们会怎么做？我们会征询第三方意见，询问谁是全城最好的医生。我们会问："有没有人做这种手术做了20~25年？"我们不会说："我就用某个刚从医学院毕业、草草结束实习期的医生吧，因为便宜。"

公众购买机票时，为何不用与以上手术情形相同的逻辑？心脏搭桥手术只是常规手术，对吗？有的医生一天做两三次或三四次，那一定很简单。

进一步分析，有多少医生须每九个月重考医学职业资格考试，才能取得执业资格？而航空飞行员必须如此，每九个月参加一次模拟器考察飞行，以证明自己的知识、技术和能力合格。

有多少医生须每六个月由美国医学协会进行一次体检才能工作？没有！航空飞行员却须如此。体检不过，你就完了！有多少医生（或包括政客在内的其他重要职业）须接受随机的药物和酒精检测？没有。

飞越北大西洋是常规飞行，对吗？几十年前可不是。是我们这些飞行员使之常规化了，因为我们有鲜有人具备的技术、经验和培训经历。

天赋异禀？非也，我们之中有天赋的人并不多，但全情投入、精益求精却是一定的！我的孩子从小到大，我一直反复告诉他们一点："我不指望你们十全十美，但我希望你们精益求精。"我希望你们万事都要竭尽所能，这正是我所认识的所有飞行员所秉持的信条。

从芝加哥的奥黑尔机场飞往丹佛市是常规飞行，对吗？是我们这些飞行员使之如此。但你的生命在飞越美国内陆的时候是否比飞越大西洋的时候轻贱？你若是买了低价地方的航空公司机票，那便显然如此。假如你乘坐的飞机在飞往丹佛的途中引擎着火了，我敢肯定你是在网上买了最便宜的八五折的机票。你遇上了这家地方航空公司能找到的资历最浅、经验最少的机组人员，他们疲惫不堪、饥肠辘辘、年纪轻轻，知道这点你会很开心吗？

我是否说了饥肠辘辘？没错，我说了。各位是否知道，这些地方公司的机组人员每日工作时间长达 12~13 个小时，飞 5~8 趟航班，但其航空公司却觉得为他们提供食物并不重要，他们的工资本就不高，现在还得自己找时间在降落后的 25 分钟内自费补充营养。现状很可悲。记住，你买了最便宜的机票。

高油价万岁！

列维特

这篇帖子发表于 2000 年 6 月。当时，美国的普通汽油均价经过前几个月的大幅上涨，达到了每加仑 2.80 美元，一年后，油价升至每加仑 4 美元。截至本文成文之时（2015 年 1 月），油价已经一路跌至每加仑 2.06 美元。即便不经通胀调整，如今的油价也比这篇帖子成文之时便宜了 26%。与此同时，联邦燃油税自 1993 年以来从未上调过。

长久以来，我一致认为美国的油价过低，几乎所有经济学家都这样认为，还认为燃油税因此应该大幅上调。

需要调高燃油税的理由是，我的驾车行为会造成各种各样的代价，这些代价却不用我埋单——有别人埋单，这便是经济学家所谓的“负外部性”[①]。由于我无须为驾驶行为造成的全部代价埋单，我会过度驾驶。在理想情况下，政府可以征收燃油税，使我个人的驾驶诱因与驾驶产生的社会代价相吻合，从而纠正这一问题。

与驾驶相关的三种潜在外部性效应如下：

1. 我的驾驶行为增加了拥堵现象，对其他司机造成不便。
2. 我可能会撞到其他车辆或行人。
3. 我的驾驶行为助长了全球变暖现象。

若是让各位去猜，以上三种情形中，哪一种最能为上调燃油税正名？答案——至少是根据我能找到的证据所给出的答案——可能会令你大吃一惊。

最易于理解的答案是拥堵。堵车是路上车辆太多的一个直接后果，若能将部分车辆移开，剩余司机的通行速度会大幅提升。

以下摘自有关交通拥堵的维基百科页面：

> 据得克萨斯州交通研究院估算，2000年，75处面积最大的

① 外部性又称为溢出效应、外部影响或外差效应，指一个人或一群人的行为和决策使另一个人或一群人受损或受益的情况。外部性分为正外部性和负外部性，正外部性指某个经济行为个体的活动使他人或社会受益，而受益者无须花费代价；负外部性则是指某个经济行为个体的活动使他人或社会受损，而造成负外部性的人却没有为此承担成本。——译者注

市区经历了总计360亿小时车时的延误，导致57亿美加仑（216亿公升）的汽油遭到浪费，造成了675亿美元的生产力损失，即约全美GDP的0.7%。

就估算燃油税的合理数额而言，该项研究无法为我们提供真正所需的信息。（我们想知道的是，在一种情况中加入一名司机会对生产力的损失造成多大影响。）但这确实说明了一点，对我这样的通勤上班族来说，你今天决定请病假对我比较好。

减少上路司机较不明显的一个好处是减少撞车事故。在我有幸发表在《政治经济学杂志》的一篇论文中，阿伦·埃德林和皮纳尔·曼迪奇令人信服地指出，每增加一位上路司机，其他司机的保险费用便要上涨约2 000美元。其要点在于，假如我的车没有上路，从而避免了撞车，撞车或许就永远不会发生。他们得出结论称，适当收税每年将带来2 200亿美元的收入。因此，若他们所言非虚，作为征收燃油税的正当理由，减少撞车事故数量要比减缓拥堵重要。我不确定自己是否相信这点，这显然是永远猜不到会成真的结果。

全球变暖又如何？每燃烧一加仑汽油都会向大气中释放碳气体，很可能会加速全球变暖。维基百科有关碳排放税的条目若是可信，向大气中排放1吨碳气体的社会代价约为43美元。（显然这一数字存在极大谬误，但姑且以此进行推论。）假如这一数字确凿无误，抵消全球变暖效应所需的燃油税即为每加仑12美分左右。据美国国家科学院报告称，美国机动车辆每年燃烧约1 600亿加仑的汽油和柴油，按每加仑 12 美分计算，可得全球变暖的外部性相当于 200 亿美元。因此，相对于减缓拥堵现象和减少撞车事故，抵御全球变暖作为上调燃油税的理由，与前两者相差巨大。（这并非说 200 亿美元是个小数字，只是凸显了拥堵和事故的代价之高。）

将所有数字综合考虑，加之上调燃油税的其他理由（如道路磨损），似乎可以轻而易举地证明，将燃油税至少上调 1 美元是合理的。2002 年（易于查找数据的一年），平均燃油税率为每加仑 42 美分，即或许仅为应达到水平的 1/3。

高油价的作用与燃油税相似，但油价是暂时性的，且超额的收益会流入石油生产商、炼油厂和经销商的手中，而非上缴政府。

我的观点是，与其对高油价怨声连连，倒不如为之庆幸。而且若有总统候选人站出来支持征收每加仑 1 美元的燃油税，务必投票给这名候选人。

高油价的一个隐患是，高油价会导致交通事故死亡人数上升，因为驾驶者会选择体积较小的节能车型，并逐渐转向摩托车。《伤害预防》杂志 2014 年刊登的一项研究发现，仅在加利福尼亚州，每加仑油价上涨 30 美分便导致 9 年内的摩托车相关死亡人数增加了 800 人。

WHEN TO ROB A BANK

第四章

竞猜

每次出书，出版商都会印一堆周边以作宣传之用，比如T恤、海报，等等。他们会寄给我们几箱，但这些东西却难免会被束之高阁。某日，我们开始琢磨：如何才能将这些东西发给真正想要的人？于是，我们便决定开展首次博客竞猜，获胜者可以得到一份周边奖品。这些竞猜妙趣横生——我们的博客读者别出心裁。因此，我们前后举办了数十次，以下是我们最喜欢的几次。

何为世上最易上瘾之物？

列维特

不久前，我和同事兼朋友加里·贝克尔聊到了成瘾性。贝克尔成就卓著，因此荣获过诺贝尔奖，其中包括他引入的理性成瘾[①]概念。

他告诉了我他认为什么是最易上瘾之物。听到后，我最初倍感意外，将信将疑，细想之后，我认为他说的没错。

竞猜题目如下：加里·贝克尔认为何为世上最易上瘾之物？

第二天……

---

① 理性成瘾，认为成瘾行为可以用理性模型来解释，最早由凯文·墨菲与加里·贝克尔于1988年提出。该假说认为，各种成瘾行为，如对海洛因、香烟、宗教或食物等成瘾，事实上可以通过理性选择与现代经济学框架得到解释。——译者注

600多名读者小试牛刀，对加里·贝克尔眼中的世上最易上瘾之物做出了猜测。

很多人给出了毒品和咖啡因等答案，但各位真以为我们给出的博客竞猜题目会有如此显而易见的答案吗？

黛布的答案虽然不是我所寻找的答案，却有几分诗意：

一次欠伸（打哈欠，伸懒腰），一抹微笑，盐。

揭晓答案之前，需先思考上瘾之物有何含义。至少在我看来，上瘾之物应有如下特征：

1. 一旦开始使用，便会欲罢不能。

2. 假以时日，你会对其逐渐产生耐受性，例如使用一定量所获得的愉悦感会下降。

3. 为追求该物，你会牺牲生活中的其他一切，甚至有可能会为了得到该物而做出荒唐的举动。

4. 停止使用该物时，你会经历一段戒断期。

毋庸置疑，酒精和强效可卡因非常符合以上描述。然而，在贝克尔看来，有种事物比物品更易上瘾——人。

他最初提出这一点时，我觉得多少有些不可理喻，对人容易上瘾究竟为何意？

细想之后，我认为他说的没错。坠入情网是最极端的成瘾反应，毫无疑问，在心生爱慕的初级阶段，与爱慕对象共度片刻会让你不顾一切地再次相见。陷入热恋会令人茶饭不思，人们会不惜一切地让一段关系开花结果，会孤注一掷，却最终往往会落得丑态百出的下场。然而，一旦确定关系，男女双方与挚爱共度时光所能带来的用处就会逐渐减少。求爱时期那令人头晕目眩的激情让位给了单调琐碎得多的东西，而即便是并非如此理想的关系，至少也有一方会经历痛苦的戒断期。

我所寻找的准确答案到第343条评论才出现。波波的回答是“其他人”。有不少人的答案很接近：杰夫（第13条答案）说是“社会或人的陪伴”；劳拉（第47条答案）说是“爱情”。

我宣布以上三位均为获胜者。

一次推特竞猜的意外后果

都伯纳

不久前的一天，我们一早醒来发现我们的推特粉丝数即将突破40万大关。因此，我们发布了以下推文，以“魔鬼经济学”周边为奖品进行悬赏：

> @魔鬼经济学
>
> 我们的推特粉丝数现为399 987名，感谢大家！第400 000名粉丝将得到一份“魔鬼经济学”周边！

很单纯，不是吗？

但我们恰好中了激励的陷阱。

我们监控推特状态以确定第40万名粉丝。效果立竿见影，因为似乎每秒就有五六名新粉丝加关注。因此，我们经过仔细计算，发现以下就是我们的获胜者：

@魔鬼经济学

@emeganboggs 你是我们的第400 000名推特粉丝！恭喜！比赛结束，谢谢大家！

但随后，我们返回推特主页，却发现粉丝数跌回了40万大关以内，差额还不小。实际上，我们赛后的粉丝数要少于赛前。

所以，究竟是怎么回事呢？

你若是推特资深用户，想必已经明白了原委：我们以周边悬赏的行为形成了让粉丝取消关注再重新关注账号的激励。我们的粉丝恰如其分地立即告诉了我们这一点：

@GuinevereXandra

@魔鬼经济学 这样一来，我的激励难道不是先取消关注再重新关注，反复操作，直到成为第40万名粉丝吗？

@Schrodert

@魔鬼经济学 取消关注再重新关注比赛开始！

@Keyes

@魔鬼经济学 哈哈，你们少了20名粉丝，这就像是推特版的欺诈拍卖。

@ChaseRoper

@魔鬼经济学 你们刚刚制造了让粉丝为排到第40万名取消关注再重新关注的因由。

我倒是希望自己可以说这是一次巧妙的实验，但实际上，这只是在推特激励上获得的一次不小的教训。因此，我们以为是第40万名粉丝的人@emeganboggs，其实并不是。我们仍然会送她一些周边奖品，但几名贴近40万大关的人也会送。尽管他们确实取消关注过我们，才排到那个名次。感谢大家让我们在推特上度过了欢乐的一天，同时也在意外后果方面好好地上了一课。

竞猜：美国的六字箴言？

都伯纳

最近，我去了一趟伦敦。

有一篇《纽约时报》的文章报道了英国极不情愿地征集国家箴言的行动（建议方案包括“英国人无箴言”和“帝国虽强却旧”）。另外，我还为一本六字箴言集贡献了一条（“第七字，他歇笔”[①]）。

受此三件事启发，我邀请各位一试身手：为美国创作一条六字箴言。

① 此处为仿《圣经 · 创世记》的内容：“到第七日，神造物的工已经完毕，就在第七日歇了他一切的工，安息了。”——译者注

非常欢迎外国友人参加，请自由地（愿意的话，也可以保守地）在箴言中添加标点，如：“惨？有点。输？滚。冲！”

两周后……

各位对箴言竞猜的反响相当热烈，截至目前已经收到1 200多条回复。在这个很有意思的大选年（2008年）里，但凡是想领略一下舆情的人，最好都来浏览一下回复：这些回复相当有启发性，不过还远远称不上乐观。

最初的回复多为偏左倾向。随后，显然由于几个右倾的博客转发了竞猜，大量的修正主义箴言纷至沓来。若有犬儒主义者参与到这场纷争中，或许会为我们的箴言竞猜冠以以下箴言：

左怨，右躲，太乱

或者这个：

国吹愤青决裂

鉴于该博客至少间或会谈到经济学，有关自由市场的提交作品却不多，这令我很是意外。或许应该有与以下这条类似的箴言……

创造破坏之最

最后，优秀出众、深思熟虑、令人捧腹、真心实意、辛辣毒舌的提交作品太多，凭我们一已之力选出一名获胜者显然太难。因此，我们从提交作品中选出了以下5位提名者。请按自己的选择为以下作品投票，48 小时内得票最多的箴言会成为获胜者。

1. 史上最柔帝国
2. 看看别人更惨
3. 建国实验至今！
4. 学加国，培根好[①]
5. 责之切，留之久

一周后……

按照承诺，我们记录了各位对美国新六字箴言的投票数，获胜者显而易见：

责之切，留之久（194 票）

以下为其余选手排名：

建国实验至今！（134 票）
史上最柔帝国（64 票）
看看别人更惨（38 票）
学加国，培根好（18 票）

我赞成你们选出的获胜者，尤其恭喜该箴言的作者“Edholston”。“责之切，留之久”或许并非一条完完全全振奋人心的箴言，却言简

① 加国即加拿大。——译者注

意赅地承认了资本主义民主制度所难以避免的悖论：这样的地方往往民怨四起，却也任由你自由地大声表达不满。

为美国写新箴言责任重大，一份“魔鬼经济学”周边这样的奖品似乎过于微薄，但我们能提供的奖品只有这些了。除此之外，还要对Edholston及所有参与者表示感谢。

现在，各位有谁能负责让这条箴言得到实际采用？

WHEN TO ROB A BANK

第五章

如何杞人忧天

在《魔鬼经济学2》中，我们找出了人人都会参与的最高危活动之一——酒后走路。并非玩笑话，数据显示，酒后步行一英里要比酒后驾车一英里危险八倍，但多数人都对我们报以嘲笑和无视。在风险评估方面，人们因为各种各样的原因自欺欺人——从认知偏差到媒体对罕见事件的渲染。多年来，这催生了怯生、石油枯竭和骑马等各式各样的博客热门话题。

吁

都伯纳

最近，马修 · 布罗德里克[①]在骑马的时候摔断了锁骨，布罗德里克因此成了我最近几个月听说的第四或第五名骑马受伤的人。这让我不禁思索：骑马究竟有多危险？尤其和骑摩托车之类的活动相比如何？

快速地搜索一下谷歌，可找到一篇1990年的美国疾病控制中心报告："美国每年约有3 000万人骑马。据估算，骑马者每小时骑乘时间的重伤率要高于摩托车手和汽车赛车手。"

有意思的是，骑马受伤的人往往受到了酒精的影响，和驾驶机动

① 马修 · 布罗德里克，美国演员。——译者注

车受伤（并伤人）的人一样。

那么我们为何没有听到有人宣传骑马的危险？我有几点猜想：

1. 很多骑马事故发生在私人领地内，且只牵连到一个人。

2. 此类事故很可能通常不会被警察记录在案，摩托车或飙车事故却难免会。

3. 一般会唤起人们关注高危活动的人对骑马的钟爱程度要高于摩托车。

4. 严重的摩托车事故要比骑马事故更有可能登上晚间新闻——当然，除非骑马事故的受害人是马修 · 布罗德里克或克里斯托弗 · 里夫①。

我或许记忆有误，但确实不记得有人借里夫的悲剧事故呼吁过禁止或控制骑马活动——而本 · 罗斯利斯伯格②因骑摩托车不戴头盔而受伤后，所有人都在议论他行事鲁莽。我并不是说本 · 罗斯利斯伯格行事不鲁莽，而是说，作为钢人队球迷，我想我很庆幸他没有骑马。

---

① 克里斯托弗 · 里夫，美国演员，超人扮演者。1995 年，他在一次骑马事故中摔伤了颈椎，导致全身瘫痪。——译者注

② 本 · 罗斯利斯伯格，绰号大本，橄榄球四分卫，效力于匹兹堡钢人队，曾率队两次夺得超级碗冠军。2006 年 9 月，他遭遇了一场摩托车车祸，恢复后，曾经历过一段状态低迷期。——译者注

交通部长对本人儿童安全座椅研究的回应

列维特

美国交通部长雷·拉胡德在其官方政府博客上驳斥了我对儿童安全座椅的研究。我的研究发现，对于2~6岁儿童死亡率或重伤率的减少，安全座椅的效果并未优于安全带，研究依据是美国死亡分析通报系统近30年的数据以及我和都伯纳两人委托进行的撞击测试。

在部长大人的全文中，我最喜欢的一句话：

> 既然你想抽取数据，哗众取宠，大可以一试。我既是一名祖父，也是把安全当作首要任务的一部之长，可无福消受这样的乐趣。

读过部长的博文，我惊讶地发现，相较于阿恩·邓肯初次听说我对作弊教师的研究时所做出的反应，他回应质疑的方式大相径庭。邓肯如今已经升任美国教育部长，当时负责管理芝加哥的公立学校。我本以为邓肯会做出和拉胡德一样的反应：驳斥我的发现、一致对外，等等。但邓肯令我大吃一惊，他说他唯一牵挂的事就是确保儿童尽量多掌握真才实学，而教师作弊却与此背道而驰。他邀请我进行对话，我们最终取得了成果。

如果本例的最终目的确实是儿童安全，以下或许才是拉胡德应该发表在博客上的内容：

长期以来，我们依靠儿童安全座椅来保护儿童安全。直到近期，现有的学术文献均证实了安全座椅在这一点上行之有效的观点。但在一系列发表在同行评审期刊上的论文中，史蒂芬·列维特等人利用交通部收集的三组不同数据以及其他数据，对这一观点提出了质疑。我并非数据专家，也有管理交通部的职责在身，所以无法亲自分析数据。但我既是一名祖父，安全也是我这个部门的首要任务，所以我要求本部的研究人员执行以下措施：

1. 仔细审查本部收集的数据，这些数据正是列维特的研究依据。是否真如其所说，这些数据几乎或完全无法证明安全座椅对两岁以上儿童的保护效果要优于成人安全带？我们对安全座椅效果的测试一直以无束缚的儿童为对比基准。或许我们需要对这一方法的继续推行进行三思？

2. 要求费城儿童医院的医生公布其数据。他们曾多次发现安全座椅效果良好，据我所知，这些医生拒绝与列维特分享数据，但为了查明真相，其他研究人员理应有机会查看他们的研究。

3. 利用撞击实验假人进行一系列测试，以确定成人安全带是否确实符合所有政府撞击测试要求。在《魔鬼经济学2》中，列维特和都伯纳根据规模很小的测试公布了其发现。对此数据，我们需要的证据远远不止于此。

4. 要调查清楚为何经过了30年之久，多数安全座椅仍未正确安装。过了这么久，我们真的能怪罪于父母吗？还是说错在别处？

5. 所有这些问题调查清楚之后，让我们查清真相，并以此引导公共政策的制定。

如果拉胡德部长有意执行其中任何一项措施，我都随时准备尽我所能施以援手。

更新：拉胡德部长从未接受过我愿出一臂之力的好意。

安全防护过当之换尿布篇

都伯纳

近来，我对安全防护过当的现象做了一点思考，这不仅包括“安全剧场”①的概念，还包括某些人设置的在我本人和我的日常活动之间形成障碍却无明显效果的安全防护屏障。

例如，我的银行一定会宣称其名目繁多的反欺诈措施很有效果，但实际上，这些措施意在保护银行，而非我本人，而且烦琐到了可笑的地步，可笑到我能想见哪笔信用卡扣费会触发银行的白痴计算程序，冻结我的账户，只因为银行不喜欢刷卡地点的邮政编码。

安全防护过当已经渗透到了普通百姓的世界里。在我孩子的学校里，同班学生的家长每学年初会发一份家长通讯录，文件格式是设有

① 安全剧场，指令人主观感受到安全有所提升却无实际效果的安全措施。——译者注

密码保护的Excel（电子表格）。请记住，这份通讯录不包含社保号码或银行信息——只有儿童家长的姓名、住址和电话号码。可以想见，到几个月后的某一天，有人真的需要用这份通讯录的时候，却发现自己早已忘记密码，无法打开文件。

在我最近遇到的所有安全防护过当案例中，最令人啼笑皆非的一个，是在费城火车总站30街遇到的。我拍下了我在男士洗手间看到的一样东西，这是一个上了锁的换尿布台。顶端的手写提示为“密码请询问乘务员”。我相信我们肯定能设想出换尿布台不上锁可能会产生的某些恶果，我也可以猜到，和多数安全防护过当案例一样，此事的起因也是令某人大惊失色（或惊动了某人律师）的某个反常事件，但话说回来……

最新的恐怖主义威胁

列维特

据我发现，让安检不那么烦人的最佳方式是假装自己是恐怖分子，然后寻思安检漏洞在哪里，以及如何瞒天过海。我想，在乔治·W.布什执政期间，我已经找到了将枪支或炸药带进白宫的方法。但我只受邀去过白宫一次，所以未能趁回访之机亲自验证这一理论。

最近到爱尔兰旅行时，我了解到了一种新的反恐措施。都柏林的安检人员要求我从随身行李包中拿出的东西不仅有笔记本电脑，还有一样我以前并不知道存在危险的物品——雨伞。无论如何，我也想不出拿一把雨伞能干什么坏事——或者更关键的是，把雨伞从包里拿出来，直接放在传送带上，能阻止我用这把雨伞干什么坏事。我问安检员为何雨伞要直接放在传送带上，但她的口音太重，我听不清她的回答，不过我想我在其中听到了戳这个字。

了解到雨伞的潜在危害后，我的生活便利性大受影响。如今，每次在美国坐飞机，一旦安检对雨伞并不上心，我全程都会担心有一把邪恶的雨伞溜上了飞机。

有一点可以肯定：飞机起飞后，一旦看到有乘客从随身行李中抽出一把雨伞，我会先把她拿下，再问话！

“石油峰值”：欢迎欣赏媒体的新版鲨鱼袭击

列维特

这篇帖子发表于2005年8月21日，当时很难找到有哪个人肯预测10年后，由于石油开采技术的进步，美国会取代沙特阿拉伯成为世界上最大的石油生产国，但事实恰好如此。

最近，《纽约时报杂志》刊登了一篇彼得·马斯的封面报道，文章的主题是“石油峰值”。石油峰值背后的观点是，多年来，世界的石油产量一直在逐步攀升，如今即将到达峰值并进入储量逐渐减少的情况，进而导致一桶石油的油价飙升至三位数，引发前所未有的世界性萧条。而且，如某家油市崩溃网站所言，“我们所知的文明世界行将终结。”

人们或许以为末世论宣扬者会因为其同辈中人不断被证伪的悠久历史而有所收敛：诺查丹玛斯、托马斯·罗伯特·马尔萨斯牧师、保罗·埃尔利希，等等。但显然并非如此。

多数末日预言的错误之处在于经济学的基本概念：人们会受利益驱使。如果某种商品的价格上涨，人们的需求便会减少，生产商品的企业会研究如何增加产量，各方会研究如何生产替代品。此外，还有科技创新的发展（如绿色革命、节育技术，等等）。最终结果是，市场通常能找出解决供需问题的方法。

这恰恰就是石油目前所处的情况。我对世界石油储量了解不多，甚至不必辩驳其现有油田产量下降幅度或世界石油需求上升的论据，但这些供需变化是缓慢而渐进的，每年不过几个百分点。市场有办法应对此类情形，那就是价格小幅上调。这并非灭顶之灾，只是说明某些油价低的时候做起来划算的事，如今不划算了。例如，有人会将SUV（越野车）换成混合动力车型。或许我们会建几家核电厂，或许应该增加房屋顶部安装的太阳能电池板。

这篇《纽约时报》文章一再背离经济学原理，以下是摘自该文的一段示例：

> 实际供应不足的后果不堪设想，即便消耗量仅仅略超过生产量，一桶油的价格也可能飙升至三位数。这进而会导致全球衰退，这是运输燃料及依靠石油化工制品生产的产品——几乎所有市面上的产品——价格过高造成的结果。这对美国人的生

活方式会产生深远的影响：汽车无法由房顶风车驱动，城市近郊和远郊的居民原本一家两车以及每日往返上班、上学，沃尔玛的生活方式或许再难负担。如实行汽油配给制，这种生活将不复存在，拼车出行会成为种种不便中最无关紧要的一个，家用暖气的成本会大幅飙升——当然，前提是有温控的居所不会只成为追忆。

假如油价上升，石油消费者的境况会（略有）恶化，但我们所说的是需要将每年的需求量削减仅仅几个百分点。这不代表要在汽车上装风车，只代表要省去几次价值低的出行。这不代表要全民搬离北达科他州[①]，只代表冬天里要将恒温器调低一两度。

稍后，作者又写道：

油价飙升至三位数，似乎对沙特是好事——其石油储量日渐稀少，但带来的利润更高。但对沙特以及石油输出国组织总体的一个普遍误解就是，再高的油价对它们都是有益的。

虽然一桶60美元以上的油价尚未引起全球衰退，但这仍有可能发生：高油价的灾难性影响需要时日才会显现出来。油价超过60美元大关后，升得越高，经济衰退的可能性就越大。高油价会引起通货膨胀，增加几乎所有产品的成本——从汽油到喷气燃料，再到塑料和废料。这意味着人们会减少消费和出行

① 北达科他州位于美国本土最北部，气候较为寒冷。——译者注

> 次数，也意即经济活动减少。因此，生产商在短期内获取暴利后，随着衰退来临，曾经需求旺盛的经济体发展放缓，减少石油需求，油价会下滑。要知道，油价出现过暴跌，而且就在不久前：1998年，石油输出国组织不合时宜地增加产量，处于金融危机的亚洲却减少了需求，油价于是暴跌至10美元一桶。

哎呀，石油峰值理论泡汤了。价格上涨时，需求下降，于是油价再度下滑。“已知世界行将终结”的论调又是怎么回事？现在我们又回到了10美元一桶的油价。作者无意间援引了基础经济学理论，证明了其文章的所有前提都是站不住脚的！

此外，他还写道：

> 高油价可能会对生产商造成另一种负面影响。原油价格为10美元一桶乃至30美元一桶时，替代燃料却高不可攀。例如，加拿大有大量的焦油砂资源，可转化为重油，但工艺成本却非常之高。然而，一旦现行油价达到40美元或40美元以上，焦油砂及生物乙醇、氢燃料电池和天然气或煤气产生的液体燃料就具备了经济上的可行性，加之消费国政府还有可能选择设立鼓励政策或补贴。因此，即便高油价不会导致经济衰退，沙特的市场份额也会被非原教旨主义的竞争对手蚕食，而美国人也更愿意将能源开支交到后者手上。

如其所述，高油价会驱使人们开发替代能源。正因为如此，我们原本就无须因石油峰值而惊慌失措。

那么，为何我会将石油峰值比作鲨鱼袭击？这是因为鲨鱼袭击的频率大体上是恒定的，但一旦有媒体决定对此进行报道，由此产生的恐慌情绪就会突然弥漫开来。我敢说，如今的石油峰值现象也是同理。预计会有大批跟风的报道相继出现，煽动消费者对石油引发之灾的恐慌，即便近10年的石油前景根本没有任何重大变化。

石油峰值的赌约

列维特

约翰·提尔尼在《纽约时报》上写了一篇精彩的专栏文章，以回应彼得·马斯在《纽约时报》上发表的那篇被我批评过的石油峰值论文章。提尔尼和能源银行家、石油峰值论阵营的核心人物马修·西蒙斯对2010年的油价是高于还是低于200美元一桶（按2005年的美元价值做过通货膨胀调整后的价格）下了5 000美元的赌注打赌。

该赌约与朱利安·西蒙和保罗·埃尔利希的著名赌约[①]一脉相

① 朱利安·西蒙为经济学家，曾于1980年发文称人口快速增长不会带来危机，这引起了生态学家保罗·埃尔利希的不满，后者认为随着人口增长、资源稀缺，商品价格上涨是不可避免的，西蒙于是发起赌注。埃尔利希挑选了他认为未来价格会上涨的五种金属铬、铜、镍、锡、钨，但最终五种金属的价格都下降了，于是西蒙获胜。——译者注

承。埃尔利希声称价格会上涨的五种商品实际价格却大幅下降，身为经济学家的西蒙于是赢了赌注。

我是嗜赌之人，看到2011年12月纽约商品交易所的原油期货价格还不到60美元一桶，200美元以下的价格在我看来非常有利可图！所以我问西蒙斯是否愿意增加赌注。

他很好心地回复了我，原来我并不是头一个向他提出增加赌注的经济学家。他谢绝了我的打赌提议，但坚持己见，认为现行油价过低，而“真正的经济定价法则即将终结近一个世纪以来的虚假价格”。

西蒙斯有一点说得完全没错，即按量计算的话，石油和天然气的价格远低于我们所消费的其他商品。假设有一名优秀的发明家出现，说他发明了一种药片，放一颗到蒸馏水里就能把水变成汽油，你愿意为这样的一颗药片付多少钱？在近50年的多数时间里，答案都是几乎一钱不值，因为一加仑汽油的价格通常与一加仑蒸馏水的价格相差无几。

但在我看来，西蒙斯的逻辑错就错在他似乎认为，打比方说，由于一加仑的汽油相对于人力车夫来说非常宝贵，所以汽油就应该等价于人力车夫。在存在合理竞争的市场，如油气市场，想必还有人力车市场，价格的决定因素为供应该商品的成本为多少，而非消费者愿意支付多少。这是因为，在合理的时间范围内，商品的供应几乎具备完全弹性。假如某个价位有巨额利润可图，企业会展开价格竞争，减少利润。在供应具备完全弹性的情况下，消费者对商品的热衷程度只决定消费量。正因为如此，水、氧气和阳光——都是极为宝贵的产品——对消费者来说相当于是免费的：三者的供应成本很低或为零。

正因为如此，按照现行价格，我们消费大量的油气，人力车却不多见。

假如石油供应成本突然上涨，油价自然也会随之上涨，但这多为短期上涨，而非长期居高不下，因为人们会研究出替代油气使用的方法。（人力车多半不会是首选的替代品，至少在美国不是。）我们是否应该担心“石油峰值”可归结为：石油供应的成本是否会上涨；如有上涨，涨幅为多少；以及需求弹性为多大？

约翰·提尔尼赢得了赌注：2010 年的年平均油价为每桶 80 美元，或按 2005 年的美元价值进行通胀调整后为 71 美元。遗憾的是，马修·西蒙斯已于同年 8 月去世，享年 67 岁。“为他处理后事的同事查阅了数据，”提尔尼写道，“宣布西蒙斯先生的 5 000 美元赌注应该授予本人。”

肥胖症是否致命？

都伯纳

今日，人们对肥胖症众说纷纭，导致围绕该话题的说法孰重孰轻难以区分。为掌握事态，我有时会将肥胖症这一话题分为三个问题。

第一个问题：为何美国的肥胖率上涨如此之多？对此问题，答案不一而足，多与饮食结构与生活方式的改变有关（多少也与肥胖的定义有变有关）。经济学家周欣怡、迈克尔·格罗斯曼和亨利·赛弗所著的一篇很有意思的论文整理了多种因素（包括人均餐馆数、食物分量和价格，等等），并不出意料地推断出肥胖率激增主要与廉价美食的普遍供应有关。他们还发现，吸烟行为的广泛减少也助长了肥胖率的上涨。这听起来很有道理，因为尼古丁既是兴奋剂（有助于燃烧卡路里），也是食欲抑制剂。但乔纳森 · 格鲁伯和迈克尔 · 弗雷克斯著文对减少吸烟是否确实会导致体重增加表示质疑。

第二个问题：肥胖人群如何停止肥胖？当然，这一问题支撑起了价值数十亿美元的饮食与健身产业。快速浏览亚马逊的50部最畅销图书后，你就会发现人们的减肥欲望有多强烈：有《简易饮食法：有效的革命性计划》《脂肪消灭食谱：你所需要的终极食谱》和《超级新陈代谢法：自动减重的简单计划》。这些图书令我想起有种观点说，人类历史长河中的所有故事，从《圣经》到最新的超人电影，都按照七大戏剧模板之一构建。[①]（不管怎么说，超人和《圣经》显然出自同一模板：刚出生的超人和摩西获救，免于一死，由孤注一掷的父母送上火箭飞船/放入柳条筐送走，随后由异族家庭抚养成人，却一直铭记着自己族人的生活方式，毕生为正义而战。）七模板理论甚至更加适用于节食图书，它们基本都是围绕同一思想七拼八凑的结果。

第三个问题：肥胖症的危害性有多大？对我来说，这是最难以解答的问题。传统观念认为，肥胖症如同一股滔天巨浪，即将席卷全

---

① 此处应指克里斯托弗 · 布克在其著作《七种基本情节：我们为什么讲故事》中提出的观点。七种情节分别指斩妖除魔、白手起家、寻宝探险、行而复归、喜剧、悲剧和涅槃重生。——译者注

美，带来无休无止的医学和经济问题，令人疲于应付。但也有越来越多的人认为，肥胖症所引起的恐慌造成的问题严重性不亚于肥胖症本身。埃里克·奥利弗便是这一观点的支持者，他是芝加哥大学的政治经济学家，著有《肥胖政治学：美国肥胖症流行现象背后的真实情况》一书，奥利弗认为，有关肥胖症的争论充斥着欺人之谈和以讹传讹。如其封面所述，该书意在说明："少数几名医生、政府官僚和医疗研究人员如何利用医药和减肥产业的财政支持，发起活动，将6 000多万美国人错划进'超重人群'，夸大肥胖的健康风险，并宣传肥胖症是致命疾病的思想。对其科学依据进行核查之后，奥利弗表明，并无证据证明肥胖症会引起多种疾病、造成多人死亡，或减重可以改善健康。"

实际上，即便奥利弗所言非虚，且暂且不论前两个问题，肥胖症似乎至少也是造成最近20人死亡的元凶。去年10月，一艘载有47名老年乘客的游船在纽约上州的乔治湖沉没，20人死亡。

据国家运输安全委员会报告分析，此事的起因是该游船严重超重：旅游公司使用已经过时的乘客重量标准，确定该游船可安全承载的乘客人数。乘客人数没有超标，但重量却严重超标，游客涌向游船一侧欣赏美景的时候，灾难发生了。据《纽约时报》报道，旅游公司使用的旧标准规定每名游客的平均体重为140磅，国家运输安全委员会此前已经警告过该标准已经不再适用，而乔治·帕塔基州长如今已经在纽约州推行了新标准，规定新的乘客平均体重为174磅。

法律纠纷已经变得难分难解，人人都想把事故的责任推卸到他人头上。该旅游集团称此次事故为“天灾”，其他人则谴责对游船做过改动的一家公司。如今，要是有人出面起诉麦当劳首先导致了这些乘客无端增重，似乎也不无道理了。

丹尼尔 · 卡尼曼的问答活动

列维特

最初和丹尼 · 卡尼曼[①]的几次见面，有一次是在吃晚餐的时候。当时，《魔鬼经济学 2》刚刚出版。

“我喜欢你的新书，”丹尼说，“它会改变世界的未来。”

我得意扬扬地笑了。然而，丹尼的话还没有说完。“它会改变世界的未来——但不是变好。”

虽然我相信很多人对此都有共鸣，但他是第一个当面对我这么说的人！

或许有人还没有听说过他的大名，丹尼尔 · 卡尼曼不是经济学家，却是有史以来对经济学影响最大的非经济学家。作为心理学家，他凭借其在行为经济学领域的开拓性研究，成为唯一一名获得过诺贝尔经济学奖的非经济学家。我认为，并不夸张地说，他可以位列有史以来影响最深远的 50 名经济学思想家之列，也是最具影响力的 10 名

① 丹尼为丹尼尔的昵称。——译者注

在世经济学思想家之一。

那次晚餐后的数年间，我得以和丹尼熟识。每次见他，我都能从他身上有所领教。我认为，他独特的出众之处在于，他能看到本应显而易见的东西。这些东西不到他指出来，人们便会视而不见。

现在，他面向普通大众创作了一部佳作——《思考，快与慢》，这是一部引人入胜的行为经济学浅谈著作——这样的著作会成为人们长期津津乐道的话题。丹尼很慷慨地同意解答"魔鬼经济学"博客读者的问题，问题转述如下，其回答也如下。

问：您和该领域的其他人所作的大量研究证明，我们常常会做出非理性决策，但对增加理性程度的方式有何研究？您是否对此也有过尝试？

答：当然试过，很多人都试过。我认为自我改善并无可能成功，不过在高风险的情况下三思后行也不失为良策。（即便是这条建议的价值也遭到过质疑。）改善决策过程在组织内的成功率更高。

问：宾州州立大学的管理人员选择掩盖橄榄球教练杰里·桑达斯基[①]的性犯罪情形，您的研究对他们的这种冒险行为是否有启示？

答：在此类案件中，如今将丑闻公之于众会产生立即见效、易于想见的巨大损失，而拖延的灾难性后果却含混不清、有所滞后。想必很多隐瞒不报的行为便是由此产生，假如人们相信隐瞒不报会对个人

① 杰里·桑达斯基，原为宾州州立大学橄榄球队助理教练，退休后创办慈善组织帮助贫困青少年，于 2011 年被控在 1994—2009 年性侵犯多名青少年，后被判处 30~60 年监禁。——译者注

造成恶劣后果（如本案所示），未来我们所见到的隐瞒行为或许会减少。从这一角度来看，该大学的董事会采取果断行动很可能会在将来带来有益影响。

问：列维特说您认为《魔鬼经济学2》会让世界变坏，您这么说是什么意思？

答：《魔鬼经济学2》探讨了全球变暖问题的技术解决方案，这句评论只是对此的说话而已。我以为，对某些方案做出正面阐释可能会让读者以为既然问题易于解决，便不必过于担心。这并非严重的分歧。

问：您的研究和作品如何帮助处于医疗业供需两端的人改善决策？

答：我认为，如不改变从业环境，就不能指望患者和医疗服务供应商的选择会产生变化。按服务收费的诱因非常强大，健康无价的社会规范也深入人心（尤其是在费用由第三方支付的情况下）。行为变化的心理学与行为经济学的推动能够起作用的环节在于对系统改善的规划。必须要提出的问题是“如何让医生和患者易于向预定方向改变”，这又与“为何他们仍然不想改变”密切相关。提出这一问题时，你或许常常会发现，对环境做出某些成本不高的微调会令行为产生显著变化。（例如，我们知道，人们在相信别人也纳税的情况下，更愿意纳税。）

问：您是否能谈谈幸福与满足感的关系？

答：可以。（一般而言）在当下感到幸福与事后感到满足不是一回事，人们在和所爱之人相处时最易感到幸福，而在完成获得高收入、维持稳定婚姻等传统目标时最易感到满足。

问：在其他方面很聪明的人却不认可科学思想或依据的正当性，对于如何规劝这些人，您是否有任何建议？

答：将思想内容与思考机制区分开来会有所帮助。有的偏见（如先入为主的观念、不科学的信仰、特定的刻板印象）为内容偏见，很可能有文化局限性。有的偏见（如无视数据、无视歧义、我们容易形成刻板印象的普遍事实）是运用一般心理机制难以避免的副作用。

问：阻碍女性在以男性为主的领域工作的一大因素，是否有可能是这样的环境要求女性付出额外的心力？

答：形成自我意识劳心劳力，定然不利于发挥。此外，自我意识越强，你就越有可能将他人的态度解读（有时是误读）为性别偏见，这难免会雪上加霜。然而，希望仍然存在：处在稳定的环境中，与熟悉的人交流时，自我意识很可能会减少。趋势似乎是有利的：男性态度日渐改善，多种以男性为主的职业有越来越多的女性从事，所以未来很可能会优于以往。

科技的危害之iPad篇

都伯纳

近来，我用Kindle（电子书阅读器）的应用程序在iPad（苹果平板电脑）上读过不少书。这总的来说算是非常愉悦的体验，消遣性的阅读更是如此。

不久前的一天，和家人度假的时候，我发现了一个隐患。当时，我在读年头已久的橄榄球小说《北达拉斯队》，小说引人入胜——尤其是比赛和嗑药的段落。与此同时，我九岁的女儿蜷在我身边，也在读自己的书——纸质版的《娃娃屋》。她瞟了一眼我读的书，立刻发现了一个脏字。

“喂，”她说，“那可是脏话！”

“是，”我说，“确实是。”

然后，出于某种幼稚的父母本能，我用拇指遮住了脏字。我怕什么呢？我甚至不知道自己有何目的。她已经看到那个字了！我的拇指难道有消除她记忆的魔力吗？即便有，又能有什么益处？

实际上，我的拇指不光把脏字遮住不让她看，还碰到了屏幕上的这个字——这帮了倒忙，弹出了这个字的字典定义：

> 粗俗用语［及物动词］1. 与……（某人）性交。<特殊用法>［不及物动词］:（两人）发生性关系。
>
> 2. 毁坏或损坏（某物）。

感谢科技，你确实是把双刃剑。我这么怕女儿看到一个脏字，也是活该。

这就是我所谓的规避风险

列维特

不久前的一天，我和经济学家好友约翰·利斯特走进了拉斯维加斯的一家体育博彩店。我们两人都住在芝加哥，孩子也都打棒球，所以自然以为下注给芝加哥白袜队会很有意思。这会让我们有理由去支持白袜队，也让孩子有理由翻开早报去看白袜队是输是赢。

对于白袜队，我们缺乏具体了解，也没有内幕消息，这纯粹是为了消费本身的价值。

如果博彩店开出相当公平的赔率，如相当于掷硬币的五五开机会，我们会下一大笔赌注，因为我们并不怕风险。可以说，我们至少愿意下注 10 000 美元，很可能还不止于此。

但当然，博彩店开出的赔率并不公平，就我们所考虑的下注类型——白袜队在常规赛中能赢多少场——而言，博彩店要收取 8% 的抽头或佣金。按照这一价格，我们决定下注 2 500 美元，2 500 美元的 8% 为 200 美元，所以基本上，我们愿意向博彩店支付 200 美元，以获得在这里下注的许可。

于是我们走到投注窗口前，说我们想下注 2 500 美元，赌白袜队今年的获胜场次可达到 84.5 场以上。

柜台后的女士说我们最高只能下注 300 美元。

什么？！

我们问她为什么，她叫来了经理，经理告诉了我们原因：赌场“不想在此类投注类型上承担太多风险”。

该赌场隶属于世界最大的博彩公司凯撒娱乐，其年营业收入为近 100 亿美元。然而，他们却不愿意收 200 美元，让我们下注 2 500 美元掷一次硬币？

接下来，赌场就该告诉我不能把 2 500 美元放在轮盘赌桌上的

“黑格”里了。毕竟，这种赌博行为和我们下注白袜队有着相同的本质——赌场赔率占优的掷硬币。

这似乎是一种荒唐的企业管理方式。尤其出人意料的，还因为凯撒娱乐是少数几家由经济学家掌管的企业之一，加里·洛夫曼[①]将优秀的经济学理论贯彻到了该公司其他许多方面的运营中。

我若不是经济学家，管理体育博彩店会是一份美差，我想知道，凯撒娱乐还收简历吗？

打击网上扑克为何有错的四点原因

列维特

最近，美国政府关闭了三家面向美国玩家的大型网上扑克网站。此举毫无意义，以下为四点原因：

1. 侧重于惩治供应方的禁令多半无效，对网上扑克的禁令也不例外。

某种商品或服务存在消费需求时，通过政府对供应方进行惩治，对这一问题予以打击，是极其困难的。非法毒品便是绝佳例证，美国人需要可卡因，在过去40年的“毒品战争”中，我们耗费了大量的资源，将毒贩关进监狱。（与舆论相左的是，对瘾君子的惩治相对有限，据我估计，95%的监狱服刑时间都是由毒贩承担的，而非瘾君

① 加里·洛夫曼，曾任哈佛大学经济学教授，后被凯撒娱乐的前身哈拉斯娱乐公司聘为首席执行官。——译者注

子。）尤其是某种商品的需求为缺乏弹性时，阻断供应便更无效果。毕竟，让现有的供应者处境艰难会将迫于填补现有需求的新来者招徕进来。

我怎么知道美国对网上扑克网站的打击毫无效果？我在全速扑克（Full Tilt Poker）——受此次打击影响的大公司之一——的账户被关后不到30分钟，便在另一家较小的扑克网站上开了新账户，用信用卡顺畅无阻地充了500美元。

2. 相对于网上扑克产生的消费者剩余[1]，其所造成的外部性较小，政府干预应侧重于情形相反的情况。

美国人热爱扑克，每年美国人为玩在线扑克要支付数十亿美元。据我估计，有500多万美国人玩在线扑克，我认为这一数字并不夸张，职业扑克玩家家喻户晓，一般的在线扑克玩家和一般的影迷或体育迷一样，对他人并无害处。当然，赌鬼也有，赌鬼会对他人造成损失，但网上扑克随时可以对某段时间内的下载金额设限，本质上，其环境对成瘾行为的管控实际上要远远优于扑克赌场。

3. 从道德角度来看，政府一方面纵容赌博行为，并从中牟利，另一方面又宣布私营网上扑克服务的供应商违法，这并未做到一视同仁。

若是出于我并不认同的原因，政府对各种各样的赌博行为均采取一致的反对态度，这倒也情有可原，但政府通过发行彩票和合法赌场两个渠道，成了赌博收入的巨大受益者。因此，此问题并无道德制高

① 消费者剩余，指消费者消费一定数量的某种商品愿意支付的最高价格与这些商品的实际市场价格之间的差额。——译者注

点，政府想从赌博活动中榨取税收，这我当然表示赞同。然而，对此应采取的正确方法并非下禁令，而是设立监管机制，让政府从中获得一杯羹。对有关各方来说，这种体制都比现行体制有效。

4. 即便按照政府自己制定的法律，在线扑克的合法性似乎也是毋庸置疑的。

虽然在我个人看来，用以管理在线赌博的《非法网络赌博实施法案》背后的逻辑存在严重缺陷，但这仍然是一国之法。根据该法案，技巧性游戏不受法律管制，而该法案仅适用于运气性游戏。因此，按照法律规定，在线扑克是否合法取决于法庭是否将扑克解读为主要由技巧决定的游戏。各位只要玩过扑克，似乎就会明白，扑克显然是技巧性游戏。若需进一步证明，我最近和芝加哥大学法学院教授汤姆 · 迈尔斯合著了一篇论文，题为《技巧与运气在扑克中的作用》，该论文利用2010年世界扑克大赛的数据证明了已经显而易见的事实。

怯生的代价

都伯纳

布鲁斯 · 帕多与阿蒂夫 · 艾尔凡有何共同点?

为免各位对这两个名字不熟，让我来重新措辞予以说明：

扮成圣诞老人杀死前妻及其家人（后又自杀）的白人，与因涉嫌恐怖主义而被逐出穿越航空航班的穆斯林有何共同点?

答案是，两人的意图都遭到了严重的误解。前者本应为熟人所惧怕，却没有；后者让不熟之人受到了惊吓，实际上却毫无可怕之处。

如下文所示，这是屡见不鲜的现象。但在继续解释之前，先让我简要回顾一下。

帕多经常去教堂，没有人认为他是杀人狂。

“与新闻对他所作所为的介绍和拍摄相比，他本人简直判若两人，”他家的一位朋友说，“我惊呆了，完全惊呆了，我无法相信这其实是同一人所为。”

艾尔凡生于底特律市，是一名税务律师，现与家人居住在弗吉尼亚州亚历山德里亚市。当时，他和几名家人一起从华盛顿飞往佛罗里达，参加宗教静修。据报道，他和兄弟在讨论飞机上哪些座位“最安全”。

“其他人听到他们说话，产生了误解，”一名穿越航空发言人告诉《华盛顿邮报》，“恰巧这些人信仰穆斯林，外貌也像穆斯林。结果，事态恶化，一发不可收拾，所有人都采取了预防措施。”

所谓的“预防措施”包括将艾尔凡一家逐出飞机，叫来联邦调查局进行讯问。经联邦调查局鉴定，他们绝非恐怖分子，当即洗清了嫌疑，但穿越航空仍然拒绝让他们乘坐飞往佛罗里达的航班。

那么以下哪种人对你来说更可怕：是你一无所知的美籍穆斯林家庭，还是你某位刚刚离婚的教友？

我们在此前的文章中写到过，多数人不擅长风险评估，他们总是夸大引人注目的低概率事件，而忽视更加司空见惯、稀松平常（却有着同等危害性）的事件。某人对恐怖袭击和疯牛病的担忧程度可能甚于世间一切，但实际上她多担心心脏病发（并因此保重身体）或担心沙门氏菌（并因此把切菜板彻底清洗干净）反而更有裨益。

为何我们对未知事物的恐惧要多于已知事物？这是个重大的问题，在此无法解答（我本人也无力解答），但这很可能与大脑用以解决问题的启发法①——捷径猜测——有关，而这种启发法所依据的又是已经储存在记忆中的信息。

什么信息会存储下来？异常现象——重大而罕见的“黑天鹅”事件②，这些事件引人注目、难以预测，或可改变世界，因而铭刻在我们的记忆中，让我们误以为它们司空见惯，或至少存在一定的可能性，但实际上却极为罕见。

这让我们回到了布鲁斯·帕多和阿蒂夫·艾尔凡的话题上，对帕多似无惧意的人都是亲朋好友，害怕艾尔凡的人都是陌生人，所有人都搞反了。一般而言，我们对陌生人的恐惧远远超出了应有的程度。

试思考几项可以佐证这一点的证据：

1. 在美国，认识行凶者的谋杀受害者与死于陌生人之手的受害者比例约为 3 : 1。

---

① 启发法，指依据有限的知识（或“不完整的信息”）在短时间内找到问题解决方案的一种技术。——译者注

② 黑天鹅事件，指难以预测且不寻常的事件，通常会引起市场连锁负面反应甚至颠覆。——译者注

2. 遭到强奸的妇女中有64%认识袭击者，而恶性伤人案的女性受害者中有61%认识袭击者。（相反，男性遭到陌生人袭击的概率更大。）

3. 诱拐儿童又如何？这难道不是典型的陌生人犯罪类型吗？《石板》杂志[1]于2007年刊登的一篇文章解释称，在最近某年的儿童失踪案中，“有203 900起为亲属诱拐，58 200起为非亲属诱拐，仅有115起为‘典型的绑架案’，而根据某项研究，‘典型绑架案’为‘非亲属诱拐，由交情很浅的人或陌生人犯下，儿童被扣留过夜、运往至少50英里外、囚禁起来索取赎金或劫持目的为永久扣留或谋杀’。”

因此，下次你的脑筋一门心思地要害怕陌生人时，试着劝它冷静一点，这并不是说你一定要坚持让大脑对亲朋好友产生惧意——当然，除非你和伯纳德·麦道夫[2]这样的人是朋友。

切勿忘记，历史上最大的金融诈骗案主要是在朋友之间犯下的，有友如此，何需外人？

---

① 《石板》（*Slate*），美国知名网络杂志，1996年创刊，以政治评论、离奇新闻和艺术特写等内容而闻名。——译者注

② 伯纳德·麦道夫，前纳斯达克主席，美国历史上最大的诈骗案制造者，其操作的“庞氏骗局”诈骗金额超过600亿美元，许多受害者都是麦道夫本人的朋友。2009年6月29日，麦道夫因诈骗案在纽约被判处150年监禁。——译者注

WHEN TO ROB A BANK
第六章

没有作弊，就意味着没有努力

“作弊是否是人之天性尚未可知，”我们在《魔鬼经济学1》的第一章中写道，“但确实是人类几乎各种活动的一个突出特征。作弊是一种原始的经济行为——不劳而获。”该章名为《教师与相扑力士有何共同点？》。在其后10年中，我们毫不费力地找到了佐证这一观点的进一步证据。

欺世盗名

都伯纳

我们是否太过愤世嫉俗?

我看非也，但确实有人这样看。我们经常听到有读者说，我们曝光了相扑力士、学校教师、纳税人和网上约会者中间有太多的欺诈、诡计和作弊行为。我也可以反驳称:“喂，我们也曝光了不作弊的人，比如那些投币进‘诚实箱’买百吉饼的办公室员工。”

重点不在于你可以将人分为善恶两类、作弊者与不作弊者，而在于人类的行为取决于某种情况的诱因如何协调。

因此，法哈德·曼朱在《沙龙》杂志上发表的文章读来很有意思。文章写到了“华盛顿鱼缸”[1]举办的一次竞赛，竞赛意在选出华

① “华盛顿鱼缸”，美国《广告周刊》开设的一个博客。——译者注

盛顿最炙手可热的两名媒体人。曼朱虽然同意最终的两名获胜者外貌确实过得去，但也报道称整个竞赛完全遭到了操纵：

> （获胜者）卡普斯和安德鲁斯承认他们之所以能胜出，全因网友——两人均称是在他们没有明确怂恿的情况下——建立软件“僵尸程序”，为两人分别重复投票了数千次。投票开始后一天内，僵尸程序在“拨云开雾”（Unfogged）——在华盛顿人中间很火的一家趣味性技术宅博客和讨论网站——上散布。你只要下载运行该软件，你的机器就会开始为卡普斯和安德鲁斯刷票，速度比为乔治·W.布什操纵选票的迪堡投票机速度还快。[①]

因此，在我看来：

> 1. 涉及利益不必太高，人们也会作弊。
>
> 2. 在作弊不受惩罚的情况下，这种行为非常诱人。
>
> 3. 我们曾有一两次被指责过投伪造票，但（据我所知）其中并不涉及僵尸程序。
>
> 4. 请问有人能给我指出迪堡公司内涉嫌操纵投票机的人在哪个方位吗？跟他们谈谈一定很有意思！

---

① 迪堡投票机为美国选举专用投票机，原生产商迪堡公司的前首席执行官曾承认自己是布什的筹款人，据称对布什在俄亥俄州的获胜起了至关重要的作用。——译者注

你为何撒谎？自我申报的危害

都伯纳

我们人类撒谎之易、代价之低向来令我惊诧。

打比方说，各位是否跟人谈起过某本书，没看过也忍不住说看过？

我猜答案是肯定的，但为何会有人要费心在这种涉及利益很少的情况下撒谎？

读书的谎言，即所谓的声誉谎言，也就是你所计较的是其他人对你的看法。在人类撒谎的众多原因中，我一直认为——相对于为获益、避祸或脱责等原因撒谎——声誉谎言是最有意思的一种。

塞萨尔·马蒂内利和苏珊·W.帕克的一篇新论文题为《社工项目中的欺诈与谎报》，对声誉谎言提出了一些耐人寻味的洞见。该文利用了墨西哥“机会”福利项目所提供的极为丰富的数据，数据记录了人们在申请该项目时声称自己所拥有的家用品，也记录了受益方申请通过后工作人员在其家中实际找到的家用品。马蒂内利和帕克研究了10万多名申请者的数据，在当年（2002年）接收面试的申请者中占10%。

结果发现，很多人认为某些物品可能会将他们排除出受益者的行列，于是便隐瞒不报。以下列举了漏报物品，其后是受益者拥有此种物品却自称没有的比例：

汽车（83%）

卡车（82%）

录像机（80%）

卫星电视（74%）

燃气锅炉（73%）

电话（73%）

洗衣机（53%）

这并不算出乎意料：你或许能猜到人们会为了获得福利救济金而撒谎。但以下才是出人意料的地方，以下列举了多报的家用品——申请者自称拥有实际却没有的物品（其后仍是多报比例）：

卫生间（39%）

自来水（32%）

煤气炉（29%）

混凝土地板（25%）

冰箱（12%）

所以10名没有卫生间的申请者中有4名自称有卫生间，为什么？

马蒂内利和帕克将原因归结为要面子，仅此而已。一贫如洗的人显然也会竭力避免向福利员工承认自己住在没有卫生间、自来水乃至混凝土地板的地方，这是我所能想象的最令人吃惊的声誉谎言之一。

须注意，为纳入机会项目而撒谎的诱因非常多，因为其现金津贴相当于申请者平均家庭开支的约25%。此外，对漏报行为的处罚并不严重：许多被发现有漏报物品行为的人并未被逐出项目。可以说，相比之下，多报的惩罚却更加严重，因为这可能会导致自己从一开始便被排除出项目——这使得多报的代价更加高昂。

马蒂内利和帕克的论文或许不仅对财产项目，也对数据需自行申报的所有项目种类具有广泛意义。试思考对吸毒、性行为、个人卫生、投票选择、环保行为等现象的典型调查。例如，以下为我们在一篇文章中对医院缺乏手部清洁现象的叙述：

> 在一项澳大利亚医学研究中，医生自行上报的洗手率为73%，但经实际观察，这些医生的实际洗手率仅为9%。

我们也写过网上约会者最有可能撒谎的话题和大选民调的不可靠性——涉及种族问题的情况尤甚。

但虽然我们和其他人对自我申报的危害常有探讨，马蒂内利和帕克的论文算是真正为整个话题建立了可以立足的基石。该文不仅对我们撒谎的原因提出了出人意料的见解，也发人深省地提醒我们要对自我申报的数据保持自然而然的怀疑态度——至少要等到有科学家让我们能够窥探各自的头脑、获知各自实际的想法为止。

如何在孟买火车系统中逃票

都伯纳

博主甘尼许·库卡尼发现，孟买的往返列车每日服务600万名乘客，但系统却未配备逐个查票的设施。库卡尼写道，相反，票务员进行随机查票。这催生了一种美其名曰“无票乘车”的逃票形式。虽然无票乘车被抓并不常见，但一旦被抓，你就要面临高额罚款。库卡尼写道，因此，一名投机取巧的乘客设计了一种保险，以确保被抓的无票乘客可以减少部分开支。

其原理如下，你支付500卢比（折合约11美元），加入无票乘客同胞组织，一旦被抓到无票乘车，你付过罚金后，将收据上交给无票乘客组织，组织便会全额偿付你的罚金。

你难道不希望这个社会人人都像作弊者一样别出心裁吗？

邮局为何会邮递未贴邮票的邮件？

列维特

如果你一周前问我这个问题，我会确定无疑地说，邮局不会邮递未贴邮票的信件。

然而，几天前，我女儿收到了一封送到邮箱的信件。贴邮票的地方未贴邮票，发件人却写了“免邮资：冲击吉尼斯世界纪录”。

信封内只有一页纸，纸上描述了冲击世界传递时间最长连锁信纪录的行动，以及将此信转发给7名朋友的指示。信中说，假如我们打破传递链，一直在监控冲击纪录行动的邮局会知道是我们毁掉了1991年来所有连锁信传递行动参与者的心血！

经过对连锁信的简单计算，便可确定其中一定有人在撒谎。

若一封连锁信的每名收件人都将信转发给另外 7 个人，很快全世界所有儿童都会参与进来（7 的 10 次方约等于美国人口总数）。然而，发件人肯承认这是连锁信，我确实要予以表扬。

然而，快速地搜索一下谷歌会发现，邮局并没有纵容连锁信。实际上，未付邮资的信件为何能送达，对此的解释对我来说更有意思：显然，自动邮件分拣机未能识别出很多未贴邮票的信件。

细想之下，这确实有其道理——利益最大化要求将某项行为的边际成本设定为等同于其边际效益。假如几乎所有信件都贴有邮票，百分百准确地检查每封信所产生的效益就微乎其微了，所以让未贴邮票的信件通过有其道理。（同理也适用于纠查乘火车逃票的人。）

现在，我想知道邮局究竟有多马虎。我要往邮箱里投递点东西，我可能不会贴邮票——不过无论贴不贴邮票，我都怀疑我的纳税申报单是否能顺利寄到国税局。

从众心理？上公车的魔鬼经济学

都伯纳

每周都有那么几天，我要送女儿去曼哈顿东区的幼儿园，我们住在西区，通常乘公交穿过市区，那是一天的高峰期。在离我们公寓最近的公车站（以下称为A站），经常有四五十人在等车，这主要是因为那里有个地铁站。很多人从住宅区或商业区乘地铁而来，再出站换乘穿越市区的公车。

一般而言，我并不喜欢人群（我知道：那我干吗还住在纽约？），尤其不喜欢带着 5 岁的女儿和人群扛来扛去挤公交。由于在A站等公交的人太多，我们能挤上靠站第一辆车的概率或许只有 30%，而挤上靠站前两辆车的概率大概只有 80%，就是这么挤。

至于在车上找座，我们或许只有 10%的概率能在A站前两辆车的任意一辆车上有座。穿过市区的路并不算长，大概只需 15 分钟，但穿着冬装站在拥挤的公交车上，女儿的午饭在背包里被挤成一团，这并非开始新一天的理想方式。A站实在太挤，向东的乘客在A站从后门下车后，会有一群人从后门蜂拥上车，这意味着他们不买票，因为投币箱在前面，而且他们抢占了车内空间，让规规矩矩在人群前面等上车的人无处可站。

因此，不久前我们开始向西走一个街区去所谓的B站乘车。B站位于A站以西约 230 米处，所以距离我们的目的地也远了 230 米。但B站没有地铁站，等车队伍要短得多，停靠的公车也没那么挤。在B站，我们有 90%的概率可以登上停靠的第一辆车，约有 40%的概率可以有座。对我来说，这似乎值得我耗费力气和时间，多走 230 米。

偶然发现这个方法后，我们再未在A站上过车。我们有座，可以一起听 iPod（苹果音乐播放器）我们都喜欢莉莉 · 艾伦[①]，我并不是很担心粗俗的部分，因为莉莉有英国口音，安雅几乎听不懂，而且到站后午餐也不会挤成一团。

---

① 莉莉 · 艾伦，英国女歌手，歌词内容较为直白露骨。——译者注

但我所想不通的是，为何A站的公交乘客很少（甚至没有人）像我们这样做，对于每日清晨在A站等车的任何人来说，条件显然都很差。B站的条件显然较好，因为B站近在咫尺，肉眼可见，而且从B站驶到A站的公交车通常都有空位，但只有在A站排在前一二十名的乘客才能上去。

就个人而言，我倒乐得没有别人从A站转移到B站（否则我就得考虑去C站上车了），但我不明白为何会如此。

以下为几种可能的原因：

1. 挤公交虽然惨，但路程短，似乎不值得费力多走230米。

2. 刚下地铁的A站乘客已经精神崩溃，无力再改善自己的上下班体验了。

3. 或许A站的某些乘客只是从未考虑过B站的存在，或至少没有考虑过其条件。

4. A站聚集了一群人。人们或许会说自己不喜欢从众，但在心理层面，他们多少会偏安于从众。他们屈从于“从众心理”，不假思索地随波逐流——因为既然其他人都这么做，这么做就是应该的。

就个人而言，我相信所有四点或许在不同程度上均有影响，无疑除此之外，也可以提出其他原因。但若要我挑选一个显而易见的首要原因，我会说是第四条：从众心理。对社会科学了解越多，我们就越明白人虽然重视独立，实际上却几乎在日常生活的方方面面都会受从众行为驱使。令人欣慰的是，一旦明白了这点，你便可以利用从众心理为自己谋利（如上公交），或造福大众，如利用同伴压力来增加疫苗接种率。

伪自传的实验

都伯纳

世界上为什么有这么多伪自传？最新的一部是玛格丽特·塞尔泽的《爱与因果》[①]。（我想列出亚马逊页面的链接，但可惜的是，这本书已经没有亚马逊页面了。）

比方说，你写了一部60%为真实经历的自传，你会把它作为自传还是小说出版？假如你是一部自传的编辑，你认为这部自传有90%为真实经历，你会将其作为自传还是小说出版？

或许更好的问法是：将这种书出版为自传，而非小说，有何好处？以下为几个可能的答案：

1. 真实故事得到的媒体报道要远多于纪实小说。

2. 一般而言，真实故事可以引起更多的议论，包括潜在的电影票房、演讲机会，等等。

---

① 玛格丽特·塞尔泽，为美国年轻女作家。《爱与因果》为其处女座，讲述了塞尔泽作为白人与土著印第安人混血的坎坷人生经历，但后被亲生姐姐揭发为虚构作品。——译者注

3. 如果书是自传，而非小说，读者会更加发自肺腑地沉浸其中。

每次有自传被揭露为造假，你便会听到有人说：“好吧，故事既然这么精彩，为何没有出版成小说？”但我认为出于以上三条原因，或许还有其他许多原因，作者、出版商等对自传的青睐要多于小说。

说起第三点，我最近还读到了为何高价糖片安慰剂效果要好于低价糖片安慰剂，于是想到了一个有趣的自传/小说实验。以下为操作方式：

找一份未发表的手稿，以第一人称讲述情节紧张、令人肝肠寸断的故事，类似于《百万碎片》[①]或《爱与因果》。召集100名志愿者，将他们随机平分为两组。将一份手稿发给其中50人，并附一封说明信，描述他们要读的这部自传。将另一份手稿发给另外50人，并附一封说明信，描述他们要读的这部小说。在两种情况中，均须写下并附上一份涉及面广的调查问卷，调查读者对该书的反响。坐在一旁，让他们读书，然后收集整理调查结果。“自传”是否真能胜过“小说”？

① 《百万碎片》，美国作家詹姆斯·弗雷的作品，讲述了一名23岁酗酒者和瘾君子的康复过程，最初以自传出版，被爆有很多内容为虚构后，改为小说。——译者注

作弊名人堂的新晋入选者

列维特

如果你喜欢作弊，你一定会喜欢英国橄榄球运动员汤姆·威廉斯上周所耍的花招。

显然，英式橄榄球和足球一样有一条规定，即一旦一名球员被替换下场，该名球员则不得返回赛场。该规定的例外情形是“受伤流血”。在此情况下，一名球员可以下场止血之后，再回到赛场。

在最近一场比赛的关键时刻，汤姆·威廉斯恰好受伤流血。我对英式橄榄球并不了解，但他的球队当时落后一分，而他们在场边有一名类似踢落地球专家的球员，此时恰好是换他上场试一脚的最佳时机，进了就能让威廉斯的球队小丑队取得领先。

问题出在威廉斯下场的时候虽然嘴里血流不止，神情却有些过于得意了。你或许觉得他既然是橄榄球运动员，这也属正常，但显然即便是橄榄球运动员被打碎牙齿，也会生气。这引来了调查，最终电视画面显示，威廉斯从袜子里拿出了一粒演戏用的人造血胶囊，咬碎了以制造诈伤。

想法很好，但可惜的是，最终威廉斯不仅遭到了停赛，替换他上场的球员也没能射中，小丑队以一分之差败北。

作弊是否有益于体育？

都伯纳

最近几天，我在读《纽约时报》体育版的时候，总是不禁会问这个问题。我明白，我们现在正处于赛季间歇期。超级碗已经结束，棒球还未开赛，美职篮正在进行漫长而艰苦的冬季赛程，而全美曲棍球联赛——实际上，我对曲棍球并不怎么关心，不好意思。

无论如何，此时显然并非一年中的职业体育高峰期。但尽管如此：多少篇体育文章与比赛本身毫无关联，却报道了笼罩着比赛的作弊行为，这仍然令人惊诧。安迪·佩蒂特[①]因服用过生长激素而向队友及洋基队球迷道歉，披露称其与罗杰·克莱门斯[②]的友谊关系紧张……克莱门斯退出了一项ESPN（娱乐与体育节目电视网）的活动，以免“喧宾夺主”……还有与亚历克斯·罗德里格斯、米盖尔·特哈达和埃里克·加涅[③]有关的药物检测文章。

这还只是棒球！你也能读到比尔·贝利奇克[④]对私录对手训练行为的否认和层出不穷的自行车手服用兴奋剂传闻。也有几篇有关美职

① 安迪·佩蒂特，曾为美国棒球队纽约洋基队的投球手，现已退役，参加过18个赛季的美国职棒大联盟，获得过5届世界大赛冠军。——译者注

② 罗杰·克莱门斯，绰号“火箭”，美国职棒大联盟的投球手，曾效力过四支球队，两次获得过世界大赛冠军，与安迪·佩蒂特为密友及扬基队队友。——译者注

③ 三人均为棒球运动员。——译者注

④ 比尔·贝利奇克，美国橄榄球联盟球队新英格兰爱国者队的主教练。——译者注

篮（但最近没有有关裁判赌球的报道）和足球（但最近没有有关操纵比赛的报道）的文章。但大体而言，每天早晨收到的体育版面感觉更像是作弊版面。

然而，或许这正是我们所热衷的地方。尽管我们屡屡宣称是热爱比赛本身，但或许作弊也是体育的魅力之一，是体育的自然延伸。人们出于道义予以谴责，暗地里却欣然认可这是体育让人欲罢不能的一部分。尽管总有人说作弊“毁掉了体育的诚信”，但或许事实完全并非如此，或许作弊实际上增加了一种关注点——一种猫鼠游戏、侦探小说的元素——与比赛相得益彰，抑或运动员为了至臻完美而不惜代价求胜，作弊只是这种拼劲的另一个方面。正如那句体育名言所讲：“没有作弊，就意味着没有努力。”

此外，我们对于俯首认罪的作弊者，喜欢报以掌声。例如，佩蒂特讲述了自己服用生长激素的过错后，获得了英雄般的欢迎。而与此同时，克莱门斯一次次地否认，似乎像过街老鼠一样引得人人喊打。正如涅槃复生的理论概念影响深远，正如严冬之后必会迎来暖春，我想是否我们对体育的兴趣之所以能长盛不衰，也并不仅仅是因其可与作弊丑闻并行不悖，反而是得益于这些丑闻？

我们是否应该对服用禁药的环法车手采取放任态度？

都伯纳

既然几乎所有环法自行车手都因服用禁药遭到过禁赛，是否是时候考虑对禁药问题进行彻底地反思了？

是否该列出一张预先批准的体能增强药剂和手术列表，要求车手对这些药剂和手术可能造成的任何长期身体和心理伤害承担完全责任，然后让所有车手在较为公平的条件下参加比赛，而不至于三天两头地让领骑车手禁赛？

既然自行车手已经在服用禁药了，我们为何还要担心他们的健康？既然这项运动已经名誉扫地，我们为何还要假装并非如此？毕竟，禁药在环法比赛中屡见不鲜。据微软全国广播公司网站的一篇文章报道，正是自行车运动在体育界开了服用禁药的先例：

> 在现代史上，服用禁药的行为始于19世纪90年代的自行车热潮和从周一早晨延续到周六晚上的六日比赛。过量的咖啡因、薄荷、可卡因和士的宁[①]加进了车手的黑咖啡中，茶里加了白兰地。车手在冲刺之后，服用硝酸甘油[②]，以舒缓呼吸。这是一种危险的做法，因为这些药剂的分发缺乏医疗监督。

① 士的宁，又名番木鳖碱，是由马钱子中提取的一种生物碱，能选择性兴奋脊髓，增强骨骼肌的紧张度。——译者注

② 硝酸甘油，医药上用作血管扩张剂，其作用机理为扩张小动脉和小静脉。——译者注

如何严肃打击类固醇？

列维特

耶鲁法学院学生阿伦·泽林斯基向美国职棒大联盟提出了一项有趣的三方面反类固醇策略：

1. 由一家独立实验室保存所有运动员的尿样和血样，并在10年后、20年后、30年后利用最新技术检测血样。

2. 运动员的薪金每隔30年发放一次。

3. 一旦药检呈阳性，运动员的剩余工资将全部作废。

对于第二点和第三点我并不确定，但毋庸置疑，对于非法体能增强剂的使用，但凡是严肃的打击行动，第一点都必不可少。体能增强的尖端技术是最优秀的技术，用现有科技无法检测。因此，理论上讲，最老练的服用禁药者会免于被检测出来，除非不走运或出现失误。

检测技术的未来改进所造成的威胁，在这场斗争中是最有力的武器，因为服药者永远无法确切知道他如今所服的禁药在10年后是否会被轻易检测出来。对属于兰斯·阿姆斯特朗的样本进行事后检测表明，他使用了红细胞生成素，这在当时是无法检测的。围绕此次检测的情况有些不明朗（确认样本属于阿姆斯特朗的检测过程是间接的，而且究竟为何会对这些样本进行检测也不清楚），所以这位环法冠军（当时）并未付出代价，但假如赛后定时进行正式检测成为标准政策，他一定会付出代价。

最有可能因为此政策而收手的运动员是那些巨星，长期战绩遭到玷污会对他们造成最为严重的损失，巨星的服药行为想必也是体育迷最关心的话题。

泽林斯基提供了一把丈量尺，我们可以以此看到职棒大联盟或其他运动领域对打击非法体能增强剂的立场有多认真：如果联盟采纳保存血样和尿样已备未来检测的政策，那其立场便是严肃的，否则便是儿戏。

如何才能不作弊

列维特

假如你发现了一盏旧灯，擦亮之后，出现一个精灵，答应满足你一个愿望。你贪心不足、为人狡诈，于是许愿能得到无论何时玩在线扑克，都能看到对手手中所有牌面的能力，精灵满足了你的愿望。

接下来你会怎么做?

如果你笨到家了，你会照搬“绝对扑克”网站上某些作弊者最近的所作所为。他们玩赌注很高的牌局，据说每把牌都像是知道其他玩家的牌面一样。他们在正常玩家不会收牌的情况下，在牌局末尾选择收牌，在不知对手牌面便会以为必输无疑的情况下选择加注，最终却赢了牌局。他们赢钱的速度百倍于优秀玩家的正常预计速度。

他们的玩法太过反常，几天后便被揭穿了。

接下来他们是怎么做的？

显然，他们继续玩了几局，战绩达到了扑克史上最差——换言之，他们是想输点钱，以掩饰事情的可疑性。一份牌局历史记录显示，若在牌局末尾，玩家手中的底牌为2和3，且公共牌中没有对子，此时跟注的话，他们几乎无法击败任何牌面！

我不知道这些作弊指控是真是假，因为我所得到的所有信息都是三手的，和我谈过的扑克玩家都相信这是真的，无论如何，我敢说这些人肯定希望重新来过。假如他们能聪明行事，他们大可以将胜率控制在合理的范围内，无休止地从中牟利。按照他们所下的赌注，他们本可以发财致富，他们的诡计几乎无从察觉。

请注意，我说的是几乎无从察觉，因为虽然这家扑克网站很可能从未查到过他们，我却在和另一家在线扑克网站合作开发一系列纠查作弊者的工具。即便这些人谨慎行事，我们也会抓到他们。

几周后……

绝对扑克作弊丑闻被曝光

列维特

最近，我在博客中写到了对在线扑克网站“绝对扑克”的作弊指控。虽然情况看起来非常可疑，却缺乏确凿的证据，作弊者的作弊手法也不得而知。

几名扑克玩家做了精彩的侦查工作，加之绝对扑克方面意外泄露了一组数据，丑闻才得以曝光。

第一手资料可在2+2扑克论坛上找到，《华盛顿邮报》做了详尽的跟进报道，以下为缩略版。

有对手对某一名玩家的玩法起了疑心，他似乎知道对手的底牌是什么。起疑的玩家举例展示了此类牌局，情况之昭然，几乎所有认真的扑克玩家都相信确实有作弊情形。其中一名被骗过的玩家要求绝对扑克提供比赛的牌局历史（这是在线网站的常规做法）。在本案中，绝对扑克“出于意外”，没有发送惯常的牌局历史，而是发送了一份包含各类私人信息的文档。这种资料扑克网站绝不会主动公开。文档包含每名玩家的底牌、对牌局的观察，甚至还有每名玩家的IP（网络互联协议地址）。（我将“出于意外”加了双引号，是因为一旦了解了后续发展，你就会发现这一失误似乎太过巧合。）我怀疑绝对扑克中有人了解作弊情形和手法，以发送这些数据的方式充当了告密者。果真如此的话，我希望不论是谁“出于意外”发送了这份文档，最终都能得到应有的英雄待遇。

随后，扑克玩家对数据进行了分析——没有分析牌局历史本身，而是分析了文档中包含的其他更加隐秘的信息。这些由玩家化身的侦探发现，从比赛的第三局开始，有一名观察者观看了作弊者其后的每一局比赛。（在线扑克中，任何人都可以随意观察任意一桌牌。当然，观察者看不到任何玩家的底牌。）有意思的是，作弊者在这名观察者出现之前的前两局选择了收牌，在随后20分钟内却没有一次在翻牌前选择收牌，随后在另一名玩家手中底牌为一对K时却在翻牌前选择了收牌！这种作弊行为在整届比赛中一直存在。

所以这些玩家侦探转而开始注意这名观察者，他们通过观察者的IP地址和账户名，追查到了绝对扑克的主机服务器组，显然也追查到了似乎受雇于绝对扑克的某个人！这些信息若均属实，便明确说明了作弊的手法：网站的一名内部人士可以实时查看所有底牌（这种权限的存在算不上难以置信），并将这些信息转发给外部的同谋。

在线扑克是仰仗于信任的游戏——玩家投钱给网站，相信他们会进行公平竞赛，信任网站会返还他们的奖金。即便对此两点中的任意一点有些许怀疑，玩家都毫无理由要在市面上众多相近的同类网站中选择这一家。假如是我负责管理绝对扑克，我会从过去企业文过饰非的行为中吸取教训，牺牲作弊者，建立保护措施，以防再犯。

然而，整件事的真正教训想必在于以下这点：并不聪明之人会想方设法作弊。而只要有一点点运气和合适的数据，远比他们聪明的人总会抓到他们的现行。

更新：据《华盛顿邮报》报道，绝对扑克承认“发现其软件被破解，正在进行调查”。不久之后，公司“告知玩家，哥斯达黎加办事处的一名高级顾问破解了软件，监视了参赛者的牌面……但它做出了令玩家愤慨的举动，拒绝指认作弊者的身份或将其交由当局处置”。随后，绝对扑克遭到了一家博彩委员会的罚款，但可以保留执照。与此同时，据《华盛顿邮报》报道，“绝对扑克的姊妹网站‘终极投注扑克’（UltimateBet.com）被披露了一起新的作弊丑闻”。终极投注扑克随后承认存在内部人士作弊的情形，返还了600多万美元的奖金，受到的处罚是支付罚款却可保留执照。

逃税还是税盲？

都伯纳

汤姆·达施勒[①]和南希·基利弗[②]均不会加入奥巴马政府，他们因没有纳税而被取消了提名。与此同时，蒂姆·盖特纳虽然也有漏税情形，最近却被批准成为财政部长。

上帝啊，既然连盖特纳、达施勒和基利弗这样的人都未能正常纳税，这说明美国税法有何问题？

（我说他们“这样的人”，意指才智出众、事业有成的人，他们在事业上履历丰富、经验老到，而且尤其有理由依法纳税。）

在此，我们对此进行一下猜测：

1.假如他们三人均是蓄意偷税漏税（且一直逍遥法外，直到接受高层次审查后才败露），那么偷税漏税就太容易了。

2.假如他们均为无心之过，那就是税法并不合理。

---

① 汤姆·达施勒，美国民主党成员，曾任美国众议院议员（1979—1987年）和美国参议院议员（1987—2005年）。——译者注

② 南希·基利弗，曾在麦肯锡公司任职，后于2009年1月被奥巴马任命为白宫首席绩效官。——译者注

3.假如蓄意偷税和无心之过二者皆有，那便是偷税漏税太过容易，而且税法也并不合理。

我会选第三条，我们以前写过一篇有关偷税漏税的专栏，其中包含该段落：

首先要记住的是，制定税法的并非国家税务局。税务局很快就将矛头指向了真正的罪魁祸首：“在美国，国会通过税法，纳税人均须服从。”其宗旨说明称：“国家税务局的作用是协助绝大多数自愿守法的纳税人履行税法义务，同时确保少数不愿守法之人缴纳法定税款。”

因此，国家税务局就像街头巡警，或者更确切地说，是世界上规模最大的街头巡警队伍。他们负责执行区区几百人代表数亿人制定的法律，而这数亿人中有不少人认为这些法律太过复杂、所定税率太高、有失公允。

或许这些曝光率高的漏税案件严重有损颜面，至少会促进对税法的规范——如经济学家奥斯坦·古尔斯比提出的“简化报税法”，奥巴马会听取他的意见。

像达施勒这样的人不会填写简化报税表，但这或许能让国税局腾出精力，赶在参议院听证会将他们轰出去之前，破获税收违法案件。

华盛顿的“尖子学校”是否有过作弊情形？

列维特

《今日美国》的一项调查发现，似乎有强有力的证据证明，在华盛顿那些因测试成绩提高而被树立为成功榜样的学校里，有教师存在作弊行为。铁证如山：有很多道题有擦掉重涂的痕迹，答案从错误项改为了正确项。数目之多，看起来确实表明存在大规模的作弊行径。不出意料的是，该学区对调查行动并不热心——尤其是因为这些学校的教师因测试成绩提高而收到了大笔奖金作为嘉奖。不过，周二的时候，华盛顿学区的代理校长卡亚·亨德森确曾要求进行审核。

如《魔鬼经济学 1》所述，我和布赖恩·雅各布调查芝加哥学校的作弊教师时，我们没有使用擦痕分析，而是开发了识别异常答案串的新工具。

你或许会问我们为何没有利用擦痕，毕竟这是显而易见的办法。答案是：与华盛顿学校不同，芝加哥的学校没有把测试考试的打分工作外包给第三方。让华盛顿学校陷入麻烦的是，第三方会对擦痕进行例行分析。而在芝加哥负责为考试打分的内部团队并不会对擦痕进行例行分析，只有在个别考场出现可疑迹象时，才会进行分析。

巧合的是，在审阅答题卡的芝加哥仓库，存储空间严重告急。故此，在测试进行后不久，所有实体答题卡只得被销毁丢弃。

华盛顿的某些教师想必希望美国首府的存储空间也出现类似的告急情况。

从道路不文明行为中谋利

列维特

自从搬到离工作地很近的地方，我便很少开车了。因此，每次开车，道路上的不文明现象总是令我惊诧。人们在车里和在其他环境中行为迥异，按喇叭、骂脏话、插队，这还只是我妹妹一人的所为，其他司机远比她更不讲理。

一个明显的原因是，你丝毫不必承担后果。假如你在机场安检的地方插队，你还要在相当长的一段时间内和被你冒犯的人留在相近的地方。在车里，你却可以迅速逃逸。能逃逸也就是说，你不可能被揍一顿，而走过人行道时朝别人竖中指就没这么安全了。

以前我经常开车上下班的时候，会经过一处不文明行为泛滥的交叉路口。下高速有两条道，一条进入另一条高速公路，一条则进入地面街道。很少有人要走地面街道，耐着性子等着走高速的车会排起长达半英里的长龙，而约有20%的司机会先假装要拐进地面街道，然后在最后时刻粗暴地违规插进车流。由于这些作弊者，所有排队的老实人至少都被耽搁了15分钟。

社会学家有时会讲到“身份认同”的概念，意即你对自己属于什么样的人有一定的认知，且一旦做出有悖于此认知的事情，便会自觉不悦。因此，你会做出似乎并不符合你短期最佳利益的行为。在经济学界，乔治·阿克洛夫[①]和雷切尔·克拉顿[②]将这一概念推广开来。我读过他们的论文，但总的来说，我的身份认同观念很淡薄，一直也没能明白他们所讲述的理论。让我初次悟出其理论含义的时机是，我意识到自己身份认同的关键一部分就是我并非那种会为了上下班省时间而插队的人，即便这样做易如反掌，即便排队等15分钟听起来很蠢，我也不会插队。但若要我去插队，我必须先彻底反思自己究竟是什么样的人。

我并不介意我搭乘的出租车司机插队（实际上，我还有点巴不得他这样做），这一点想必说明我的完善德行之路还很长。

实际上，以上冗长而不切题的段落只是为引出我的主要观点。不久前的一天，我在纽约市时，我的出租车司机绕过等待转出免费高速公路的一长列车辆，在最后一刻插到了队伍前面。在这起小小的罪行中，我一如既往地乐于做无辜的旁观者和受益者。但接下来发生的事更加满足了我的经济学家本性，一名警官站在路中央，招手让每辆插队的车停到路边，另一名警官则像装配流水线一样发罚单。按照我粗略估计，两名警官每小时可发出30张罚单，每单115美元，每名警官每小时罚款超过1 500美元（假设罚单均兑现），这对这座城市来说可是绝佳的吸金项目，而且抓的是该抓的人。超速对他们的伤害并

① 乔治·阿克洛夫，美国经济学家，加州大学伯克利分校经济学教授，与迈克尔·斯彭斯、约瑟夫·斯蒂格利茨一起获得了2001年的诺贝尔经济学奖。——译者注

② 雷切尔·克拉顿，美国经济学家和杜克大学经济学教授。——译者注

不严重，有也是间接的。因此，在我看来，直接追查插队这种卑劣行为要合理得多。这非常符合纽约市警察局长比尔·布拉顿的“破窗”警务战略。我并不确定这是否能大幅减少在道路上钻空子的人数，因为被抓的概率仍然微乎其微。尽管如此，其好处却在于所有遵纪守法的司机看到违规司机被抓都会感到一阵窃喜，而且这也是惩罚不良行为的有效方式。

因此，我对全美警察局的建议就是，在道路上找到可以帮助他们施行此种警务策略的地点，然后就等着好戏开始吧。

WHEN TO ROB A BANK

第七章

但这是否有益于地球？

如果你支持浪费自然资源、对野生动物赶尽杀绝、摧毁最宜居的星球，请举起手来。如我们所料——举手的人并不多。因此，几乎但凡是意在保护环境的想法，都会被推崇为良策。但数据却常常另有解释。

濒危物种法是否对濒危物种有害?

列维特

我的同事约翰 · 利斯特是目前最多产、最具影响力的经济学家之一。

他与迈克尔 · 马戈利斯、丹尼尔 · 奥斯古德合著了一篇新的研究报告，出人意料地提出旨在帮助濒危物种的《濒危物种法》实际上或有可能对其有害。

为什么？其主要规定为，某一物种被定为濒危物种后，须决定将某块地理区域划为该物种的濒危栖息地。首先划定栖息地的边界，经过公开听证会，最终决定哪片土地会受到保护。与此同时，在辩论进行过程中，有强大的利益驱动促使私人对土地进行开发，因为他们担心这些土地以后可能会因濒危物种的状况而被禁止开发。因此，在短期内，对栖息地的破坏实际上反而有可能愈演愈烈。

根据该理论，利斯特等人分析了赤褐鸺鹠的数据，该物种栖息在美国亚利桑那州图森市附近。不出所料，他们发现，在即将被指定为濒危栖息地的区域，土地开发大大加快了。

经济学家萨姆·佩尔兹曼还发现在列入濒危物种名单的1 300个物种中，仅有39个物种被迁移到了栖息地，以上结果再结合这一发现表明，《濒危物种法》的效果难以称之为乐观。

要环保，多开车

列维特

谈到环保问题，情况往往不像乍看起来那般简单明了。

以纸袋与塑料袋之争为例，多年来但凡是在杂货店选择用塑料袋的人，都免不了会被环保主义者嗤之以鼻。如今，对成本进行过更加仔细地计算后，舆论风向似乎反转了。

同样的疑虑也笼罩在一次性纸尿裤和尿布的选择上。

至少某些选择在环保层面上是无可指责的。人们不开车，步行去街角的商店，这显然有益于环境，对吗？

如今，即便是这样一个看似显而易见的结论，也经由约翰·蒂尔尼的《纽约时报》博客遭到了克里斯·古多尔的质疑。古多尔并非极右分子，而是环保主义者和《如何过低碳生活》一书的作者。

蒂尔尼写道：

据古多尔先生计算，如果你步行 1.5 英里，然后喝一杯牛奶以补充丢失的卡路里，与这杯牛奶相关的温室气体排放量（如乳牛场产生的甲烷和运输卡车产生的二氧化碳）约等于普通车辆行驶同等距离的排放量。而如果有两个人要走这段路，开车绝对是更加环保的出行方式。

我们真的需要几十亿土食者[①]吗？

都伯纳

上周末，我们在家做了一些冰激凌。不久前，有人送给我一台冰激凌机，我们到现在才有时间用它，并决定做香橙雪酪。过程耗时颇久，成品味道欠佳，但最糟糕的一点还得算是花费之高，我们花了约 12 美元，购买浓奶油、半脂奶油、橙汁和食用色素——唯一一种已有的配料是糖——只做出一夸脱[②]的冰激凌。以同样的价格，我们本可买到至少一加仑（四倍于自制量）、味道更好的香橙雪酪。最终，我们扔掉了 3/4 的自制冰激凌。也就是说，在不计人工费、电费或资本成本（冰激凌机虽然不是我们买的，但也是别人买的）的情况下，我们花费了 12 美元，只做出了大约三勺难吃的冰激凌。

我们以前写到过，某些事对有的人是苦工，对有的人是娱乐，这是现代生活的一桩奇事。每天都有数百万的人以烹饪、缝纫和务农为

① 土食者，热衷于食用住所附近出产的食物的人。——译者注

② 一夸脱相当于 0.94 升。——译者注

生，也有数百万的人（大概在条件较好的厨房里）烹饪、缝纫（或针织、编织）和务农（或做园艺工作），是因为他们热衷于此。这合理吗？假如人们是在自娱自乐，谁又关心他们是不是花了12美元却只种出一只圣女果（或花了12美元却只做出几勺冰激凌）？

我想到这个问题，缘于不久前的一天，一位名叫埃米·柯曼迪的读者给我们发来一封电子邮件：

> 最近，我发电子邮件给迈克尔·波伦[①]，向他提出了这个问题。他人很好，立即回复说：“问得好，但我并不太清楚。”他建议我问你们这些好心人：
>
> 我们人人都自己种植自己食用的粮食，相比于付钱给专家去大规模种植粮食再转卖给我们，难道不是前者所耗费的资源更多？因此，从大型的专业生产商手中购买粮食难道不是更具备可持续性吗？
>
> 波伦教授的某些建议似乎是说，如果我们能提高自给自足的程度（尤其是自己种植粮食），社会情况会有所改善。但我不禁会想，现代的工业化农业所固有的规模经济与劳动分工仍然能带来最大的资源投入效率。只有将成就感、学习、锻炼和日光浴等无法量化的因素计算在内，自己种植食物才会具有额外效益。

① 迈克尔·波伦，美国作家、专栏作家、新闻学教授及加州大学伯克利分校科学和环境新闻学奈特项目主任。——译者注

我很理解这种土食者本能。本地种植的粮食，甚至是自己种植的粮食，食用起来似乎应该更加美味、更有营养、更加便宜、更加环保。但果真如此吗？

“美味”是主观概念。但显而易见的一点是，没有人能自己种植或生产出所有自己想吃的食物。作为从小在小农场长大的人，我可以告诉你，吃完自己种的玉米、芦笋和覆盆子后，我只想吃巨无霸。

对自家生产的粮食所具有的营养价值，尽可以大吹特吹。但同样，由于一个人所能种植的粮食种类有限，其饮食结构一定会出现有待弥补的营养缺口。

自己种植的粮食是否更加便宜？这并非不可能，但正如我在上文所写的冰激凌故事所示，这样做效率极低。假设上周末做冰激凌的不止我一个人，住在我那栋楼里的一百个人都做了。这样一来，我们总共花费了 1 200 美元，却每人只吃到几勺冰激凌。假设你决定今年为了省钱，要种个大的菜园子，现在将你为此需要购买的所有东西——种子、肥料、发芽杯、麻绳、工具，等等——以及交通成本和机会成本计算在内，你确定自己种西葫芦和玉米真的能省钱吗？假如你有 1 000 名邻居都这样做呢？或者举个与食物无关的例子：自己从头开始造房子与购买成品房。要建造一座普通的房子，你需要花钱购买各种工具和材料，聘请人工，付出运输成本，才能成功，而工人的货车为了给一家人造房子数百次往返于同一路线，也会造成各种不便——而工厂预制房屋却批量雇用劳工、批发材料、进行运输……为大幅提高效率带来了契机。

但自己种植粮食一定有益于环境，对吗？实际上，要记住上文所提的“低效运输”，再来思考“食物里程”①的观点和卡内基·梅隆大学的克里斯托弗·L.韦伯与H.斯科特·马修斯最近在《环境科学与技术》上发表的一篇文章：

> 我们发现，尽管总的来说，食物的运输距离很长（平均为1 640公里的运输距离和6 760公里的生命周期供应链距离），与食物相关的GHG（温室气体）排放仍以生产阶段为主，该阶段在美国平均每户家庭每年因食物消费而产生的8.1吨二氧化碳当量碳足迹中占83%。总体而言，运输只占生命周期GHG排放量的11%，由生产商到零售商的最后运输环节只占4%。不同的食材类别所产生的GHG排放密度相差巨大，平均而言，红肉的GHG密度约为鸡肉或鱼肉的150%。因此，我们建议要想减少每户家庭与食物相关的平均气候足迹，改变饮食结构是比“购买本地产品”更为有效的方式。将每周不到一天的卡路里摄入源从红肉和乳制品替换为鸡肉、鱼肉、蛋类或蔬菜为主的膳食，这样对减少GHG排放所起到的作用要大于只购买本地食材。

人们认为土食者行为具有环境及经济优势。对此，这是一个相当有力的反击观点——主要是因为韦伯和马修斯发现了此类观点时常忽视的一点：专业化之高效不容置喙。这意味着减少运输、降低价格，

① 食物里程，指食物由生产地运送到消费者口中所经过的距离。——译者注

以及在多数情况下，大大丰富品种。在我的书中，这又意味着更加可口、更有营养。在我豪掷12美元买冰激凌配料的店里，店主也会欣然卖给我多种口味、营养成分和价位的冰激凌。

而现在，我买的食用色素却有99%都砸在了手里，大概会在橱柜里一直放到我死的那天（希望不会很快）。

以环保促收益

列维特

商人中间最流行的话题之一是如何通过环保来增加利润，要做到这点，方法很多。例如，酒店在住客逗留期间不自动清洗毛巾，既节约成本，又保护环境。在广告宣传中渲染创新的环保技术可以吸引客户。“环保”的另一个潜在益处是，这可以取悦有环保意识的员工，增加他们对企业的忠诚度。

一家柏林的妓院另辟蹊径，利用环保观念为自己谋利：价格歧视。玛丽 · 迈克菲尔森 · 莱恩在一篇美联社文章中写道：

> 在德国首都，卖淫是合法的，这家妓院因全球金融危机而生意萧条。顾客变节俭了，来该市出差和参加会议的潜在顾客也少了。
>
> 但“欲望之屋”自7月开始推出5欧元（折合为7.5美元）的折扣以来，生意开始复苏……

> 若想享受折扣，顾客须向前台出示自行车车锁的钥匙或可证明他们是坐公交而来的证据。举例而言，这可以将开房45分钟的价格由70欧元降低到65欧元。

尽管妓院方面声称打折原因是因为想体现环保意识，但在我看来，这家妓院显然是以环保之名行某种行之有效、由来已久的价格歧视之实。

乘公交或骑自行车来的顾客很可能要比开车来的顾客收入低，对价格也更加介意。果真如此的话，妓院想对此类顾客要价较低，而对有钱的顾客要价较高。难点在于，若无正当理由，有钱的顾客会因妓院想多收钱而动怒。（而且说实话，妓院要如何大致判断谁有钱？）妓院原本早已动了这样的念头，环保观念不过是为其提供了借口。

喝一杯橙汁，拯救一片热带雨林

列维特

今早，我喝了“纯果乐”橙汁，该公司开展了一项巧妙的营销活动，如果你打开其网站，输入纯果乐纸盒上的条码，它们便会以你的名义将100平方英尺的热带雨林划进保护区。

此举巧在何处?

我认为，企业伺机将产品销售与慈善贡献捆绑在一起的措施很可能并未达到应有的程度。对此，我没有定量的证据，只是直觉如此。不过，一般而言，这种企业捐助是以“我们会向××捐献3%的利润”这样的形式出现。涉及的利润份额往往很少，所以企业在外人看来算不上乐善好施。

这次提出保护热带雨林的妙处在于，100平方英尺听起来很多，细想一下，其实并不算多，但听起来很大。如果你习惯了思考城市的地价，100英尺可是耗资不菲。

据我粗略计算，在我居住的区域，购买100英尺可以建造房屋的土地须花费130美元左右。然而，亚马孙地区的地价却很便宜。一些网站称，只要100美元，它们就会为你在亚马孙留出一英亩[①]的土地。

因此，纯果乐在亚马孙买下一英亩土地很可能只花了一半的价格，即50美元。按照一英亩的平方英尺数计算，我算出我女儿今早所拯救的亚马孙土地约值11美分。我问女儿她认为这片土地值多少钱，她说20美元。我问一个朋友，他说5美元。但凡有公司送出只值11美分的东西，却能让人们以为这东西值5美元或20美元，它们就算走对路了。

最奇妙的一点是，即便我们算出了我们的捐献额只有11美分，能救下一小片相当于吃早餐房间大小的土地，我们仍然很是得意。

① 一英亩，约为4 050平方米。——译者注

（塑封）苹果如何？

詹姆斯·迈克威廉斯

得克萨斯州立大学詹姆斯·迈克威廉斯曾就食品生产、食品政治以及——如以下两篇“魔鬼经济学”网站的帖子所示——食品与环境的交集写过令人印象深刻的文章。

食品包装看似是个简单明了的问题，有着直截了当的解决办法：包装过度，在废物填埋场中堆积如山，应该减少包装。这些观点是环保主义者所秉持的正统观点，其中不少人慷慨激昂地发起运动，力争减少消费品包括食品的塑料、硬纸板和铝箔包装。

但真实情况要比乍看起来复杂一些，须思考我们本来究竟为何要使用包装，除了保护食物不受周围微生物的腐蚀之外，包装还大大延长了保质期，这进而增加了食物实际为人食用的概率。

据黄瓜种植者协会统计，1.5 克的塑料包装可将一只小黄瓜的保质期从 3 天延长到 14 天，同时保护其免于被“脏手”触摸。另一项研究发现，用收缩包装纸托盘包装的苹果可以减少 27%的水果损坏（及丢弃）率。土豆和葡萄也发现了类似的数据。再次说明，有个观点看似简单，不必一再重申，却常常为人所遗忘：食物留存时间越久，被人食用的概率就越大。

诚然，假如人人都自己种植食物、购买本地生产的食品或容忍有损伤或变质的农产品，延长保质期便无关紧要了。但实情截然相反，绝大多数食物要经过全球运输，长期摆在杂货店里，还要在我们的食品储藏室里放置数日、数周乃至数年之久。因此，接受事实，认可包装是全球化食品体系中难以避免的实际情况，则须准备好做出几点基本的区分。（不接受事实的话，大概也就没必要阅读下文了。）

首先，谈及食物垃圾，并非所有材料都能得到一视同仁的对待。心有顾虑的消费者看着包装农产品，对着包装眉头紧蹙，因为最有可能流入废物填埋场的是包装。但若是把包装拿掉，只针对毫无保护的食物本身，你也得明白食物的腐烂速度会远远快过有包装的情况，因此最终会和包装流入同样的归宿地：废物填埋场。腐烂食物会释放甲烷，这种温室气体的效力要比二氧化碳强 20 多倍，包装——除生物降解包装之外——则不会释放该气体。假如废物填埋场连着甲烷消解器——但多半没有——甲烷则可转化为能源。否则，把包装送入对环境有害的坟墓比丢弃食物更加合理。

其次，论及节约能源和减少温室气体排放，我们在厨房里的行为所产生的环境影响要远甚于产品所使用的任何包装。按磅计，消费者所丢弃的食物远远多于包装——约为 6：1。据一项研究估算，美国消费者丢弃了其所购买的一半食物。在英国，废物与资源行动计划（说来也怪，简称为WRAP[①]）称，在家庭内不浪费食物可节约的能源相当于“从路上减少 1/5 的车辆”。据《独立报》报道，丢弃食物制造的二氧化碳量 3 倍于丢弃的食物包装。

① WRAP即“包装”。——译者注

这一切说明，假如你真心想解决食品体系所固有的废物问题，最好先改变自己在家中的习惯——如购物要有计划、减少废物、减少食量——再去声讨看不见摸不着的食品经销商所使用的制度化包装方式。

最后，有些食品的包装可减少家中的垃圾，选择这种食品也能产生影响。这一点与生产环节关联不大，但确实有很多产品的包装意在确保我们能对产品物尽其用。这包括便于使用的功能，如开口留有空间（牛奶）、透明外观（袋装沙拉）、重新封口器（坚果）、倒置功能（番茄酱）和无沟槽以防食物舀不尽的平滑表面设计（酸奶）。听起来虽然稀奇，但确有可能我们刮不净盒底所造成的能源浪费要多于吃完将盒丢弃。鉴于食物浪费造成的高成本，设计问题或许要比需求问题重要。

废物是生产不可避免的后果，作为消费者，我们当然应该将食物包装视为废物，不断寻找负责任的包装解决方案。不过，与此同时，我们绝不可采取头痛医头、脚痛医脚的“减少包装”方法，这样做似乎弊大于利。

食肉不可知论与全球变暖：为何环保主义者对煤炭紧追不放，却对奶牛网开一面

詹姆斯 · 迈克威廉斯

在对抗气候变化方面，比尔 · 迈克基本做出的贡献无人可及，通过出版富有思想性的图书、到处给杂志投稿，特别是创办350.org

（致力于对抗全球变暖的国际性非营利组织），迈克基本毕生致力于拯救地球。然而，尽管他一腔热忱地积极行动，其减少温室气体排放的途径却有一处古怪的缺陷：不论是他本人还是350.org，都没有积极推广素食。

鉴于我们目前对气候变化的探讨所具有的性质，这一疏忽或许不成问题。人们仍然认为素食者"疯疯癫癫"的，是皮肤苍白、缺乏蛋白质的动物保护主义者构成的边缘团体。然而，世界保育基金会最近的一篇报告证实，在对抗气候变化的斗争中忽视素食主义的作用，相当于在对抗肥胖症的斗争中忽视快餐。莫要再想如何结束高污染煤炭或天然气管道的使用。据世界保育基金会的报告显示，素食主义是减少全球气候变化最有效的途径。

证据确凿有力，根据该研究，吃素对减少排放所产生的效果要7倍于遵守本地采购、肉食为主的饮食结构。全球食用（传统作物构成的）素食会让与饮食相关的排放量减少87%。相比之下，"可持续的肉类及乳制品"只能象征性地减少8%。畜牧业的整体环境影响要大于燃煤、天然气和原油。有鉴于此，减少87%的排放量（若植物采用有机种植法，则可减少94%的排放量）几乎会让350.org关门停业。我相信迈克基本会乐见于此。

需要考虑的问题还很多，很多消费者认为，不吃鸡肉吃牛肉能大幅减少他们与饮食相关的碳足迹。并非如此，根据世界保育基金会报告所引用的一项2010年的研究，这种改变会使"环境影响净减少"5%~13%。谈及降低减缓气候变化的成本这一点，研究表明，完全不食用反刍动物可将对抗气候变化的成本减少 50%，食素则可减少 80% 以上。总的来说，这一观点似乎很具说服力：全球食素对减少温室气体排放的作用没有其他措施可以比拟。

那么，为何 350.org（在邮件中）告知我，虽然少食肉“很显然”是上策，但“我们对素食主义等议题并无官方立场”？好吧，这究竟是为什么呢？！为何致力于减少温室气体排放的环保组织没有站在官方的立场上反对造成温室气体排放的最大原因——肉类和肉制品生产？这令人匪夷所思。我虽然无法给出确切的答案，却对该问题有几点看法。

问题部分在于，环保主义者——包括迈克基本本人——对肉类问题一般采取不可知论的态度。迈克基本最近为《猎户座》杂志撰写的一篇文章显示，这位原本立场坚定的环保主义者面对肉类问题有点装糊涂的意思。其口吻一反常态地卖乖取巧，甚至变得朴实和善起来，用这种口气来谈论形势严峻、利害攸关的环境问题并不适宜。此外，他声称“我在这场斗争中没有奶牛[①]”。他身体力行地减缓全球变暖现象，据说在整个冬天一直把恒温器保持在 50 多度[②]上，也避免去旅游胜地度假，以免增加自己的个人碳债务。从他口中说出这样的看法，着实令人震惊，我以为他会将全世界的奶牛都牵扯到这场斗争中。

---

① “没有奶牛”的原文为“I Don’t Have a Cow”，此处为双关，另一含义为“勃然大怒”。——译者注

② 此处应指华氏度。50 华氏度约等于 10 摄氏度。——译者注

因此，现在来看真正的问题所在：这种不可知论如何解释？迈克基本最近去白宫抗议一处天然气管道的建设（并在抗议过程中被捕）。这一点为答案提供了一点线索，我想，因抗议大型管道项目而锒铛入狱对350.org的形象所起到的宣传作用远优于在家里吃甘蓝、建议别人尝试食素。在这一点上，相比于停止从加拿大焦油砂中采集天然气，全球食素虽然能带来更多有利影响，却无关紧要，重要的是抢占新闻头条。

由此便出现了素食主义与环保主义的“问题”。自从雷切尔·卡森在《寂静的春天》[①]中揭露了杀虫剂的危害，现代环保主义者便一直依靠在媒体上的高光时刻来招揽信徒。然而，素食主义却很难实现这一作用。虽然有着自己潜移默化的影响方式，食素这种行为却不适合进行哗众取宠地宣传。与之相反，管道等赤裸裸的科技侵害，不仅众目昭彰，也为我们提供了一目了然的受害者与加害者，描绘了暗淡的衰退图景。我认为，这一区别可以基本解释迈克基本——以及环保行动——对肉类采取的摇摆不定的立场。

对肉类普遍采取不可知论姿态的另一个原因与管道和牧场的美感之差有关，食肉的环保主义者遇到牲畜这个难题时，几乎总是回答称，我们必须以轮牧[②]替代饲养畜牧业。将家畜放归牧场，他们如是

① 《寂静的春天》，美国海洋生物学家雷切尔·卡森著，于1962年出版。这本书使得公众普遍关注起农药与环境污染，并促使美国于1972年禁止将DDT（有机氯类杀虫剂）用于农业。——译者注

② 轮牧，按季节草场和放牧小区，依次轮回或循环放牧的一种放牧方式。——译者注

说。不出所料，这也正是迈克基本在《猎户座》那篇文章中提出的观点。他称，“从饲养畜牧业转变为轮牧是我们能做的、与全球变暖问题同等重要的少数几项改变之一。”

这一切听起来很美好，但如果世界保育基金会的数据可信的话，这种改变带来的环境影响微乎其微。所以，为何要大肆宣扬支持轮牧？我认为，诉诸牧场的解决方案所蕴含的潜在感染力缺乏精确的计算，是非理性的：在牧场放养的动物不无缺憾地再现了人类毁坏环境之前所存在的共栖模式。从这层意义上来说，轮牧支持了处于现代环保主义思想核心的一个更具感染力（或许也更具破坏性）的迷思：大自然没有人类才会更加自然。换言之，轮牧显然迎合了环保主义的审美观，同时证实了其对人造环境的偏见：管道就算了吧。

迈克基本、350.org和主流环保主义思想对肉类持不可知论姿态的最后一个原因是，以个人力量的概念为核心。对多数人来说，肉类本质上是我们用来烹饪和食用的东西。自然，其意义远非于此。但对多数消费者来说，肉首先是个人对摄入身体之物所做出的决定。相反，一想到燃煤发电厂，你会想到什么？很多人会想到煤烟遍布、环境恶劣的画面。从这方面来讲，燃煤发电厂所代表的不是个人选择或直接的快感源泉，而是对我们生活的压迫性侵犯，让我们感到自己受到了侵害，却无能为力。因此，我可以谨慎地说，环保主义者对煤炭紧追不放，却对奶牛网开一面，并不是因为煤炭一定对环境更加有害（事实似乎并非如此），而是因为奶牛代表着肉，而肉却不无错误地代表了追求快乐的自由。

我并非要低估这些因素的影响。管道的高曝光率、牧场所具有的浪漫色彩，以及凡是能塞进嘴里的东西就能吃的观念根深蒂固，这些都是不易克服的障碍。但鉴于食素直接对抗全球变暖的作用已经得到证实，而且尽管有减少全球变暖的种种努力，排放量不降反增，我建议迈克基本、350.org和所有环保行动抛弃对食肉问题的不可知论姿态，大张旗鼓地奉行素食原教旨主义。

嘿，宝贝，你开的是普锐斯吗？

都伯纳

还记得曾经与邻居攀比就是要买镶钻石的香烟盒吗？镀金时代[①]这种铺张的炫富行为让托斯坦·范伯伦[②]发明了炫耀性消费一词。

炫耀性消费并未销声匿迹，否则你以为珠宝是什么？但现在它有了一个思想正直的表亲——炫耀性环保。炫耀性消费意在炫耀自己有多大的绿色草坪，而炫耀性环保意在炫耀自己有多么得绿色环保。如携带印有“我不是塑料袋”字样的袋子，或将太阳能电池板装在朝街的那一面房顶上，即便那一面恰好背阴。

最近，我们做了一期播客，探讨了炫耀性环保，其中主要介绍了

① 镀金时代，大致为1870—1890年，名字取自马克·吐温第一部长篇小说。——译者注

② 托斯坦·范伯伦（1857—1929年），生于美国威斯康星州，挪威裔美国经济学家，为制度经济学的创始人。——译者注

安莉森·塞克斯顿和史蒂夫·塞克斯顿所著的一篇研究论文——两人为经济学博士生，恰好是一对双胞胎（父母也是经济学家）——论文题为《炫耀性环保：普锐斯效应与付钱行环保之善的意愿》。

> 本田思域混动版和普通版在外观上并无区别，福特翼虎混动版与普通版的外观也无区别。因此，我们提出的假说是，普锐斯若是和丰田凯美瑞或丰田卡罗拉也一模一样，不会像现在这样大卖。因此，本文旨在对此进行实证检验。

他们想要解答的问题是，有环保倾向的人对于自己在别人眼中的环保形象有多重视？塞克斯顿发现，普锐斯的“绿色光环”对车主来说很有价值——而且是越环保的街区，普锐斯越有价值。

WHEN TO ROB A BANK

第八章

痛失21点

我们两人的一个共同点就是一直稚气未脱：列维特仍然抱有青少年时期成为职业高尔夫球运动员的幻想，都伯纳仍然像一名11岁的孩童一样，满腔热情地崇拜着匹兹堡钢人队。而且，不知为何，我们总是一起出现在拉斯维加斯。

我希望菲尔 · 戈登[1]赢得世界扑克大赛

都伯纳

世界扑克大赛的主赛事即将在拉斯维加斯的里约赌场酒店举行。我为何想让菲尔 · 戈登夺冠？

这不仅仅是因为他人好，也不是因为他聪明，也不是因为他热心慈善，甚至也不是因为他个子高，而是与石头剪子布，即猜拳游戏有关。

我和列维特最近去拉斯维加斯是为了和一群世界级的扑克选手做研究。研究的一部分包括菲尔 · 戈登组织的一项有 64 名选手参加的猜拳慈善赛，安妮 · 杜克[2]最终夺冠。

一天晚上，戈登和他在“全速扑克”的朋友在凯撒皇宫的豪华

---

① 菲尔 · 戈登，美国职业扑克选手、评论员、作家。——译者注

② 安妮 · 杜克，职业扑克选手。——译者注

夜店“纯洁”举办了一场大型派对，派对排场很大，人声鼎沸，很有意思。我和菲尔·戈登进行了一次有趣的长谈，谈到了很多话题。最后，话题转到了猜拳上。我们你来我往了几句，便突然叫起板来——我和戈登，一对一猜拳，九局五胜，赌100美元。

列维特保管着这笔钱，随后，由于个头比我认识的任何人都高大约8英寸，戈登俯下身来，当着我的面说：“我要先出石头。”

他照做了，我出了剪刀，所以他赢了我，比分1：0。

但我也有自己的锦囊妙计，我在比赛开局用了“裁缝”策略，即在开局连续出剪刀、剪刀，再接剪刀。戈登第一次出石头后，出了一次布，然后又出一次布。我以2：1反超。

最后，在第四局，戈登出了剪刀。但我连续四次出了剪刀，意即我们这局达成了平手，比分保持2：1不变。此时，戈登俯下身来，再次当着我的面说：“你知道你除了剪刀还可以出别的，对吧？”

但我连续四次出剪刀——姑且称之为“超级裁缝”策略——似乎让他产生了动摇。他重整旗鼓，打成了2：2平，并以3：2暂时领先，但我又追平了他，随后以4：3反超。他扳成了4：4平，但我毫不迟疑地又出了一次剪刀，以5：4击败了他，他看起来目瞪口呆。可怜的人，事实证明，他真的很讨厌出剪刀。

那么我为何希望他赢得世界扑克大赛？不是因为我为了击败他一事感到歉疚。如今，我比以往任何时候都相信猜拳是运气的比拼，而我在和一名出类拔萃的扑克选手对阵时，恰好时来运转。

非也，我希望戈登夺冠仅仅是因为如此一来，有朝一日，我就能告诉子孙后代，我击败了世界扑克大赛的冠军，即便我们比的只是石头剪刀布这种毫无意义的比赛。

几个月后……

拉斯维加斯规则

都伯纳

说来这周末我和列维特在拉斯维加斯做研究。（说正经的，是为了讨论超级碗赌博的一篇《纽约时报》专栏。）我们有一点儿休息时间，决定去玩黑杰克[①]。彼时正值新年前夕晚上 9 点左右，在凯撒皇宫，我们在一台空桌旁落座。发牌员，一位来自密歇根、为人友善的年轻女子，很有耐心地向我们讲解各种我们两人都不了解的细节，这

① 黑杰克，又名 21 点。规则为：庄家给每个玩家发两张明牌，牌面朝上；给自己发两张牌，一张牌面朝上（叫明牌），一张牌面朝下（叫暗牌）。大家手中扑克点数的计算是：K、Q、J 和 10 牌都算作 10 点。A 牌既可算作 1 点，也可算作 11 点。其余所有 2 至 9 牌均按其原面值计算。首先，玩家开始要牌，如果玩家拿到黑杰克，庄家没有黑杰克，玩家就能赢得 2 倍的赌金。如果庄家的明牌有一张 A，则玩家可以考虑买不买保险，金额是赌筹的一半。如果庄家是黑杰克，那么玩家拿回保险金并且直接获胜，如果庄家没有黑杰克，则玩家输掉保险继续游戏。没有黑杰克的玩家可以继续拿牌，可以随意要多少张。在要牌的过程中，如果所有的牌加起来超过 21 点，玩家就输了，即爆掉。假如玩家没爆掉，又决定不再要牌了，这时庄家就把暗牌打开来。一般到 17 点或 17 点以上不再拿牌，但也有可能 15 到 16 点甚至 12 到 13 点就不再拿牌或者 18 到 19 点继续拿牌。庄家如果没有爆掉，就要与玩家比点数大小，大为赢，一样的点数为平手。——译者注

也说明我们两人都缺乏经验。将单手置于大腿之上；例如，要牌时，轻敲两下台面；停牌时，将一张牌压在筹码之下；诸如此类。

在某一时刻，列维特深吸了一口气，他拿到了21点，却不知何故又叫了一张牌，最后一张牌是2。他并非不懂规则，也不是不会算数，他只是分心了——他后来声称是因为在跟我聊天。发牌员看到他做了什么动作，或未能及时做其他动作，示意他想再要一张牌。因此，此时的他有四张牌：一张花牌、一张4、一张7和一张2。发牌员看起来面露同情，我为列维特作证，告诉她他不是傻，拿到21点还叫牌肯定不是有意的。她似乎相信了我们，她说她要叫主管过来看看怎么处理。

她侧过脸喊了主管的名字，我能看到主管其人，也能看到他并没有听到她喊他。请记住，这是新年前夕的赌场，环境非常嘈杂。她一直在喊，我也一直看到他听不见她，但她不肯转过身去叫他。这意味着她要转过身背对摆满筹码的赌桌，即便列维特人傻到拿到21点还叫牌，想必他也能机智地抓起一把筹码就逃之夭夭。（或者，她也可能在想，他其实是像狐狸一样狡猾，一直在用这种拿到21点还叫牌的伎俩，骗发牌员转身背对牌桌。）

最后，我起身去叫了主管。他过来之后，发牌员解释了情况，他似乎接受了列维特的解释。

然后他看着我，“你想要这张牌吗？”他问道，指的是列维特抽到的那张2。

“好吧，既然看到了点数，我肯定想要。”我说。我有 17 点，本来拿到 17 点之后，我肯定不会再叫牌，但既然是一张 2，我就能拿到还算不错的 19 点。

“给你，”他说，然后给了我那张 2，“新年快乐。”

随后，发牌员抽了一张牌，爆掉了。

我对赌博了解不多，但我确实知道，要是下次去拉斯维加斯的时候，想玩几局黑杰克，我肯定会去凯撒。

以免你们误会列维特在赌博方面真的一窍不通，第二天，我们坐在体育博彩区，他拿起一份《赛马日报》，研究了大约 10 分钟，起身下了注。他发现了一匹还从来没有比赛过的赛马，赔率为 7∶2。但他看到了某些他喜欢的特质。他下注这匹马会赢，而且只下注了这一匹，然后我们在一块大屏幕前观看了赛马比赛。他的马花了足足 60 秒才在栅门前准备就绪——我们还以为它会被取消资格。但随后它总算进去了，栅门打开后，他的马一骑绝尘，这可比他的黑杰克牌技令人钦佩多了。

几个月后……

世界扑克大赛最新消息：列维特追平了永远无法打破的纪录

列维特

最近，我去拉斯维加斯参加了我的首届世界扑克大赛。比赛项目为无限注得州扑克[①]，每名选手在开赛时有 5 000 只筹码。

那么我追平了什么纪录？一名选手在单届世界扑克大赛上赢得奖池最少的纪录：0 次。我玩了近两个小时，却一局都没赢，甚至连偷盲[②]也没有成功过一次。尽管赛前不久，我还向菲尔 · 戈登保证不会手握A和皇后还输牌，但我有两次握着这两张底牌却输掉了巨额奖池。（两次都是A为翻牌，两次的对手都没有A，但两次我都输了。）我肯定是两次都用错了策略。

世界扑克大赛的优点在于第二天永远都有新比赛。或许我明天会再次一试身手——我后无退路，只会进步了。

第二天……

---

① 得州扑克具体规则如下：

1. 先下大小盲注，然后给每个玩家发两张底牌。大盲注后面第一个玩家选择跟注、加注或者盖牌放弃。按照顺时针方向，其他玩家依次表态，大盲注玩家最后表态。如果玩家有加注情况，前面已经跟注的玩家需要再次表态甚至多次表态。

2. 同时发三张公牌，由小盲注开始（如果小盲注已盖牌，由后面最近的玩家开始，以此类推），按照顺时针方向依次表态，玩家可以选择下注、加注，或者盖牌放弃。

3. 发第 4 张牌，由小盲注开始，按照顺时针方向依次表态。

4. 发第 5 张牌，由小盲注开始，按照顺时针方向依次表态，玩家可以选择下注、加注，或者盖牌放弃。

5. 经过前面 4 轮发牌和下注，剩余的玩家开始亮牌比大小，成牌最大的玩家赢取池底。

② 偷盲，指位置靠后的玩家翻牌前加注，试图赢取无人争夺的盲注。——译者注

距世界扑克大赛决赛只有一张牌的距离

列维特

真是一日千里。

昨天，我在博客里写到了我初次征战世界扑克大赛的经历，开局和结果都惨不忍睹，我一局也没赢。

天晓得我为什么第二天又报了名，将自己置于职业扑克选手的手上，再忍受一天的折磨。这次比赛的安排有所不同：胜出赛，意即一桌的10名选手要一直比到一人赢得了全部筹码，随后该名选手晋级下一轮。如此两轮之后，900名选手的赛场削减至9名选手，这9名选手进入决赛。

发现我的邻座就是“神龙”范大卫后，我更加悲观了。他在扑克比赛中已经赢得了500多万美元的奖金，拥有两条世界扑克大赛金手镯[①]，是本次赛事的卫冕冠军！在和我同桌的10人中，至少有5名全职的职业扑克选手。

不可思议的是，在运气的帮助下，经过5个小时的角逐，我胜出了。

我需要再赢一桌，才能进决赛，这样我这一辈子就有的吹了。我有幸和菲尔·戈登共进午餐，他或许要算世界上最优秀的扑克老师了，他在席间向我解释了一些打好扑克的基本原理，这些原理或许可

① 世界扑克大赛的项目冠军，除奖金之外，还可获得一条金手镯，相当于冠军奖杯。——译者注

以说是不言而喻的，但我一直未能理解。（这条秘诀很宝贵，不能在此免费透露，各位必须买本菲尔的书才行。）

有了这条秘诀，再加上手上有一把好牌，我在第二桌连战连捷。遗憾的是，我不得不淘汰我的朋友布兰登·亚当斯。他是世界上最优秀的扑克选手之一，同时也是一名杰出的作家。布兰登是机会成本的典型示例……他打扑克挣了大钱，很可能永远无法在哈佛大学修完他的经济学博士学位了。

到整个牌桌就剩下我和一名对手——托马斯·富勒——时，我发现自己筹码领先。45分钟后，我将自己的领先优势增加到了2∶1左右。然后，我在手上有同花色的A和K时，大概是完全用错了策略，输掉了一堆。这样一来，我们的筹码基本打平了。

不久之后，便是我落败的那一局。富勒在翻牌前叫了标准加注，我手上有K和7，选择了跟注。翻牌的结果是K、Q、8，花色均不同，我下注7 200只筹码，他选择跟注，转牌为7。桌上此时有两张梅花，我核对了一下，希望他会加注，以便我能再加注。接下来的情况恰好如此，他下注8 000，我选择再加注。

令我大为吃惊的是，他再次选择了再加注。他能有什么牌呢？我当时希望他有一张Q，但他也可能有K10、KJ、K8、AK，甚至可能有个对。尽管如此，我仍然继续针锋相对，我再次选择了加注。然后，他将手中的筹码全押上了！我以为自己输了，但我面对他的全押选择了跟注。他翻开一张6和一张9时，我震惊不已。他缺一张才能组成顺子，他在虚张声势。这组牌中只有8张牌能让他胜出，我有82%的概率赢得这一局。如果我赢了这局，我便手握90%以上的筹码，进决赛就几乎万无一失了。他在河牌轮抽到一张5，组成了顺子。我麻雀变凤凰的故事告一段落，我出局了。

不过，即便是像我这样不合群的人，也不得不承认自己确实乐在其中，这是我有生以来最美好的赌博经历之一。然而，第二天早晨，我却觉得自己像是前一宿喝了个酩酊大醉，尽管实际上，我滴酒未沾。我很了解自己，所以完全清楚这种宿醉反应从何而来。和任何“优秀的”赌徒一样，我对输赢并不特别在意，只要马上还有更多赌局就行，但赌局结束之时便是崩溃来临之时。

今天对我来说，便是崩溃之日，没有世界扑克大赛可以参加了，暂时也没有赌局了，“只有”一次去胡佛水坝的家庭旅行和回芝加哥的长途飞机旅行。

或许还能在好莱坞公园[①]买一张小小的六连猜[②]彩票。

为何西洋双陆棋并不火？

都伯纳

我以前提到过我喜欢西洋双陆棋。有位读者最近写信问我和列维特有没有比试过，以及更重要的是，为何西洋双陆棋这样精彩的游戏没有火起来。

---

① 好莱坞公园，洛杉矶的一座赌场。——译者注

② 六连猜，即选6个数字进行抽奖的彩票。——译者注

遗憾的是，我和列维特从来没有交手过，但问题的第二段让我不禁思考起来。确实，为何没有呢？我会不假思索地说：

其实也不可谓不火，而且有人说它可能正处在复兴过程中。我和我的朋友詹姆斯·阿图彻[①]使用快攻打法（101分制），经常在小餐馆或餐厅比试，几乎肯定会有一小群人（或者至少是服务员）围在旁边观看、讨论棋局……

话虽如此，但事实不假，这确实是一种边缘游戏。为什么？要我说，这是因为太多人只下棋不赌钱，或者至少是不用倍数骰子。不用倍数骰子的话，这种原本错综复杂、讲究策略的游戏很容易就变成了无聊的掷骰子比赛。一旦用到倍数骰子，尤其是在赌钱算分的情况下，游戏的面貌焕然一新，因为最刺激、最困难的决定都和倍数骰子的玩法有关，和棋盘格的走法无关。

为何游戏本身经常乏味不堪？不要误解我的意思：我喜欢下西洋双陆棋。但事实是，走棋的选择组合实际上非常少。在很多回合中，显然只有一种最佳走法，或者两种效果不相上下的走法。因此，一旦你知道这些走法，游戏便有了局限性，你需要下注来增加其趣味性。打比方说，国际象棋便与之不同，选择和策略都要丰富得多。

① 詹姆斯·阿图彻，美国对冲基金经理、企业家、畅销书作者。——译者注

最后一点虽然或许值得商榷，却让我不禁想到：与国际象棋相比，在所有双陆棋回合中，明显只有一种最佳走法的比例是多少？

詹姆斯不仅国际象棋棋艺精湛，双陆棋的棋艺也很出色（大体而言也是个聪明之人），所以我问了他。

他的回答非常值得分享：

这个问题很有意思。我们先来定义一下最佳。

假设有一个程序可计算评估函数（EV）。对于任何棋位，EV会根据棋位对走棋一方的益处，返回从1到10的数字。如果数字为10，走棋的一方则想走到该棋位。EV是各种直觉相加得出的函数（中心有多少人、我在比赛中领先多少点数、我控制了多少棋槽、我剩下多少散棋，等等）。轮到我的时候，电脑分析我的所有初步走法，找出所得EV最高的几种。然后，它再分析我的对手对每种走法的应对招式，为我找出所得EV最低的几种（此时，经过递加，这成为我初步走法的EV）。然后，电脑分析我面对对手的回应招式，可予以反击的所有走法，找出EV最高的几种（再次进行递加）。这被称为最小–最大法。只分析所有最佳走法被称为阿尔法–贝塔搜索，是多数下棋程序所用的算法。

那么，问题是，何为“最佳”？以从1到10的等级衡量，如果一种走法的分数比第二种高3分，这算是最佳吗？姑且可以说是。

在国际象棋中，最佳走法很容易看出来。如果有人用车吃了皇后，那么我便有希望吃掉他的皇后，这是一种公平的交易。目前，这是最佳走法。其他最佳走法会导致将死或大大增加每个棋子发挥的作用和效率，否则大概就不能称之为最佳。在一般的国际象棋比赛中，或许有5%的走法有超过“一个卒”的价值。

在西洋双陆棋中，在我看来，这一比例为10%，我这么说的根据是玩西洋双陆棋NJ（顺便说一下，这程序不错）[①]的经验以及过去与西洋双陆棋游戏程序员进行的讨论。我说10%，而不是5%，是因为西洋双陆棋的复杂程度稍稍逊于国际象棋。但也不简单，要成为西洋双陆棋大师，需要付出的钻研精力几乎不相上下，但还是差一点。

希望这能有所帮助。

有帮助，詹姆斯，确实有帮助——因为我现在多了解了一点你对这一游戏的看法，而我迫不及待地要在我们的101分制比赛中最终击败你。

谢谢！

我入围长青巡回赛（或至少能将高尔夫球一杆击出很远）的概率是多少？

列维特

虽然我高尔夫球球技并不出众，但我私下里幻想着有朝一日能参加长青巡回赛——50岁以上球员参加的职业高尔夫巡回赛。随着我

① 西洋双陆棋NJ（Backgammon NJ），手机游戏。——译者注

44 岁的生日将近，我意识到是时候认真对待这项事业了。

我想，我若是真心想入围巡回赛，消磨时间的正确方式是多多练习。我的朋友瑞典心理学家安德斯 · 埃里克森普及了练习 10 000 个小时即可成为专家的神奇说法。具体要取决于你认为什么才算练习，但按照我粗略估算，我一生中已经累积了约 5 000 个小时的高尔夫训练时间。然而，鉴于这头 5 000 个小时之后，我还是能力平平，对于后 5 000 个小时能否让我涨球，我并不乐观。

因此，相反，今天我花了点时间研究我究竟需要提高多少。最优秀的美巡赛职业选手往往不会经常计算差点[①]，但据说水平相当于+8 的差点等级，即比零差点选手的水平高 8 杆。我自诩有 6 的差点值。意即，大体而言，如果现在让我同世界上最顶尖的选手打一场 18 洞的比赛，我会输掉 14 杆。

在今后的六年时间里，我的水平能提高 14 杆的概率很容易预测——0。

所幸，我的目标并非成为世界上最顶尖的高尔夫球选手，只要成为长青巡回赛的垫底选手即可。这想必不会很难，对吗？

所以，我着手开始评估垫底选手与世界顶尖高尔夫球手之间的差距有多大。这很难进行直接对比，因为长青巡回赛的垫底选手很少与

---

① 差点，即USGA（美国高尔夫球协会）差点指数，是高尔夫俱乐部对球员进行能力衡量的标准，可用于计算球员打球时的准确球场差点、确定球员打球的让杆数，并可随球员打球水平的改变而不断变化。球员水平越高，差点越小，负差点为加强差点，在指数前要用“+”表示。——译者注

泰格 · 伍兹一级的选手对垒。然而，长青巡回赛的明星选手确实偶尔会参加美巡赛。我找到了 2010 年参加过这两届赛事的 19 名选手，平均而言，这些选手在长青巡回赛中打出了平均 70.54 杆的成绩，相比之下，在美巡赛中则打出了平均 71.77 杆的成绩。这表明，长青巡回赛的标准赛场难度要比美巡赛的标准赛场低一杆多一点。

美巡赛的顶尖选手平均得分为每轮略低于 70 杆，意即顶级的长青赛选手每轮的成绩要比世界顶尖选手多两杆左右。而长青巡回赛中成绩较差的选手在长青巡回赛的赛场上得分约为 73 杆，即比顶尖的长青赛选手多两杆半左右。如果世界顶尖高尔夫选手有+8 的差点值，这也就是说长青赛的“差”选手约为+3 或+4。

这每轮“只”比我少 9 到 10 杆。这个差距我肯定能追上！如果我每增加 500 小时的练习时间能提高仅仅一杆的水平，那到我达到 10 000 小时的时间时，我会成为+4 选手。

我牢记着这一目标，最近开始上高尔夫课了，这还是我 13 岁以来的第一次。我的新高尔夫球教练是帕特 · 戈斯，之所以选他是因为他本科的时候在西北大学读经济学专业，我以为他或许会理解我的思考方式。

我们第一次见面的时候，帕特先是告诉我我挥杆的动作就像《疯狂高尔夫》[①]里的人物，然后又问了我学高尔夫的目标。

我以百分百的诚实回答说：“我想参加长青巡回赛，但如果你认

---

① 《疯狂高尔夫》，1980 年的一部美国体育题材喜剧电影。——译者注

定我永远达不到那个水平，那我就有着完全不同的目标。这样的话，我丝毫不在意我的差点值最后能达到多少。对我来说，唯一重要的就是尽量把球击远，即便还达不到 100 码。”

我想他应该不习惯听到有人如此诚实地回答这一问题，因为他捧腹大笑，差点笑趴在地上。

好消息是，上了六节课后，我们仍然在花时间改善我的短杆技术，说明他认为我能实现参加巡回赛的梦想。

或者他只是在谋求收入最大化。毕竟，他是科班出身的经济学家。

10 000 小时之后：美巡赛？

列维特

去年春天，我开玩笑地（好吧，或许是半开玩笑地）写到了我想参加长青巡回赛的追求。长青巡回赛是 50 岁以上人士参加的职业高尔夫巡回赛。在那篇帖子中，我引用了安德斯 · 埃里克森的思想，他提出，只要能以正确的方式认真练习 10 000 小时，差不多任何人都或多或少能在任何一个领域达到世界级的水平。我已经练习过 5 000 个小时的高尔夫，所以如果我能腾出时间，再练 5 000 个小时，我应该就能和职业选手同场竞技，或者至少理论上如此。然而，我的记分卡似乎得出了迥然不同的结果！

原来在这项爱好上，我还有同道中人，不过此人是认真的。几年前，20 多岁的丹尼 · 麦克劳科林决定参加美巡赛。姑且不说他一辈子只打过一两次高尔夫，而且打得还很差。他知道10 000小时的观点，认为试一试会很有意思。所以，他辞掉工作，找了一名高尔夫球教练，将毕生献给了高尔夫。到目前为止，他10 000小时的任务已经完成了2 500个小时，他在thedanplan.com（丹尼计划网络）记录了自己的进展。[①]

不久前，我恰巧去了俄勒冈海岸上的高尔夫天堂班顿沙丘[②]。在那里，我遇到了丹尼，并有幸一起在36洞球场上切磋了一下。我们相处很愉快，听他讲述自己的方法也很有意思。

指导他的职业高尔夫球选手所制定的计划，至少可以说是不同寻常。在丹尼高尔夫生涯的头6个月里，他只能练推杆。我们可以毫不夸张地说，丹尼每天在推杆区站6~8个小时，一周6~7天，反反复复地推杆。他还没碰过其他球杆，就把近1 000个小时的时间用在了推杆上。然后他得到了一把挖起杆，他只用挖起杆和推杆又练习了几个月，然后才拿到一把8号铁杆。直到他的高尔夫生涯过去一年半的时间——2 000个小时的练习时间——后，他才第一次用木杆击球。

我理解从贴近球洞的地方开始练起的基本逻辑（毕竟，高尔夫球中的多数击球离球洞很近），但按照我身为经济学家的思维理解，这听起来像是下策，原因至少有两个。

首先，经济学最基本的原理之一是所谓的边际回报递减原理。初

① 本文撰写之时（2015年1月），丹尼只剩下了4 200多个小时，差点值已经降到了3.1。——原注

② 班顿沙丘，为高尔夫度假村，全球顶级高尔夫球场之一。——译者注

试一件事能带来巨大的收益，这件事做得越多，价值就越少。例如，第一只冰激凌甜筒香甜可口，第四只就令人作呕了。同理一定也适用于推杆，前半个小时充满乐趣、令人乐在其中，但连续练 8 个小时一定乏味之极。我根本无法想象一个人能不止一天，而是连续数月心无旁骛地专心练推杆。

其次，我本人的亲身经历说明，高尔夫的不同方面之间会产生溢出效应。切球时的感受有助于理解全挥杆，有时我能感受到拿木杆应该怎么做，而这有助于我练习铁杆。有时情况恰好相反，连续数月只练推杆和切球，却完全不知道全挥杆是什么——这在我看来并不正确。

那么，这种策略是否有效？练完 2 500 小时后，丹尼仍然对高尔夫满腹激情，所以这本身就是一种胜利。他现在的差点值为 11，意即他每轮的杆数要比入围美巡赛的水平多大约 15~16 杆。也就是说，从现在起，他必须每练 500 个小时就减少一杆。我猜想，在接下来的几千个小时中，他能保持这样的进步速度，但此后就很难了。

无论结果如何，我都会全力支持他。一是因为他人好，二是因为他答应要送我 2016 年美国公开赛的免费门票，但前提是他能获得参赛资格。

列维特准备好参加长青赛了

都伯纳

列维特毫不隐瞒自己想成为优秀高尔夫球选手，以便有朝一日能参加为 50 岁以上选手而设的长青巡回赛。

上周，看过他的精彩表现后，我现在相信列维特确实有机会参加职业长青巡回赛，但不是高尔夫。

我去芝加哥出差了几天，和列维特一起工作。漫长的一天后，我们去芝加哥大学附近一个名叫“七 · 十”的地方吃晚餐。那里供应食物、啤酒，还有保龄球道——只有两条，稀松平常，是老式的保龄球。

饭后，我劝列维特打一两局保龄球。他并无兴趣，说他担心这会影响他的高尔夫挥杆，（得了吧。）他说他会看我打。我想不出还有什么事能比自己打保龄球更没意思，除了让别人坐在一旁看你打。所以我撒了谎，告诉他保龄球多半会有益于他的高尔夫挥杆——投掷重球能放松关节，等等。

最后我提议输的人为晚餐埋单，他才总算同意了。

他不知为何找到一只适合他手指的 10 磅球。第一次练习时，他掷球的姿势很像滚球戏[①]里的掷球姿势，什么都没有击中。我对这次打赌产生了很好的预感。念及友情，我建议他选重一点的球。他增加到了 12 磅，然后他投中了一次 158 分，他告诉我这比他的平均水平大约多 30 个球瓶。他赢了。

他的表现并无任何出色之处：虽然是右撇子，他的投球是从左到右，也没有让球产生转动，但他击倒了球瓶。

① 滚球戏，一种类似保龄球的游戏。——译者注

因此，我自然提议我们再打一局。他说他没有兴趣，但再次回心转意了。

他先来了一次两击全中，又来了一次三击全中——连续三次一击全中，不可思议！然后是两次未能全中，他的运气似乎到头了。但没有：这时，他又来了4次一击全中。很难描述这看似有多么不可能，实则也根本不可能。他最后得分为222分，222分！我在大学的时候，保龄球是我的体育必修课，而我的职业生涯最高分才只有184分。

我们回到他家后，列维特查了一下目前的顶尖PBA[①]保龄球选手：222分能稳进前20名了。他在交叉球道[②]上打出了222分，用的是12磅的球，之前还饱餐了一顿，喝了一杯啤酒，工作了一天。

我的最佳解释就是，列维特疯魔一般地苦练高尔夫，尤其是数千个小时的短杆练习，或许在不知不觉间将他变成了保龄球好手。若非如此，那就是他对自己目前的平均水平撒了谎，不过是想击败我，让我埋单而已。

无论如何，这都是一次相当了不起的壮举。可惜的是，他不可能出现在PBA长青赛的赛场上了：他想见好就收，于是发誓再也不打保龄球了。

列维特信守诺言，从那之后再也没碰过保龄球。

---

① PBA，职业保龄球协会。——译者注

② 交叉球道，球员在两条球道上打球，每打一个计分格后转换球道。——译者注

橄榄球联盟中的损失规避行为

都伯纳

橄榄球教练在选择冒险打法时，是出了名的束手束脚，因为一次错误的决定（乃至未能成功的正确决定）就能让你下课。用行为经济学的术语来讲，这些教练有“损失规避”偏好。这一概念由阿莫斯·特沃斯基和丹尼尔·卡尼曼首先提出，认为我们损失X时所体验到的痛苦要大于我们得到X时所体验到的愉悦感。谁会出现损失规避偏好？实际上，几乎人人都会——日间交易员、僧帽猴，尤以橄榄球教练为甚。

正因为如此，昨天酋长队和突袭者队比赛的最后一局才格外有趣，在只剩5秒的情况下，酋长队的教练迪克·弗米尔要做出一个两难的决定。他的球队以三分落后，球位于突袭者队的一码线内。如果酋长队选择跑阵，却没有得分，他们很可能没有时间再来一回合，比赛便会输掉。如果他们踢很容易进的点球，比赛会进入加时——而虽然酋长队是主场作战，但突袭者队在比赛末段的运球相当顺畅，而且弗米尔后来也承认他害怕突袭者队会在加时赛中通过掷硬币赢得球权，然后立即得分，不给酋长队一点机会便赢得比赛。

事后看来，这算不上是难以抉择的赌博。选择分别为完成将球推进两英尺这一相对简单的行动即可拿到很多分，或胜负概率参半的未知结果。面对这两个选项，弗米尔的做法，换作我们多数人都会这样做，前提是没有数百万人在我们身后窥探着，随时随刻准备对我们指指点点：他选择了达阵。

弗米尔派上队员去跑阵，拉里 · 约翰逊俯冲进达阵区，酋长队赢了。今天《今日美国》的头版头条新闻：《酋长队在主场孤注一掷，换来大胜：堪萨斯城在比赛最后关头放弃点球，达阵得分，震惊奥克兰》。

弗米尔的决定成了头条新闻，这件事本身就很好地反映了教练冒此风险是多么罕见的事。以下是他后来对记者说的话："哇！我当时很害怕。我不过是想，我年纪太大，等不起了。（弗米尔刚刚年满 69 岁。）如果我们没能得分，你们就有乐子可找了。这并非一时冲动，这是我们应该做的事。"

恭喜弗米尔做出了正确选择，也得到了不错的结果。在此希望他的几位同行能羡慕他因为赌对了而被各方关注，也效而仿之。

比尔 · 贝利奇克很伟大

列维特

我对比尔 · 贝利奇克的尊重今日更甚以往。

昨晚，他在最后时刻做出的决定导致他执教的新英格兰爱国者队败北。在有史以来所有教练所做过的决定中，这很可能会成为最为人诟病的决定之一。他的球队以 6 分领先，比赛只剩两分多钟，他选择在己方半场推进第四档进攻。[①]他的锋线球员未能获得新的第一档进攻，印第安纳波利斯小马队立即快速推进，达阵得分。

因为这次选择，他成了千夫所指，所有人似乎都同意这是一次大错。

以下是我对贝利奇克如此尊敬的原因。数据显示，如果其目标是赢得比赛，那他实际上很可能做得没错。经济学家戴维·罗默研究了数年的数据，发现与传统观点相悖的是，橄榄球队选择弃踢的次数太多了。在本方半场第四档进攻中，选择在短码数内获得新的第一档进攻，很可能可以提高本队赢球的概率（虽然提高的幅度很小）。但贝利奇克也得知道，一旦失败，他会受到无穷无尽的指责。

如果他的球队得到了新的第一档进攻，爱国者队获胜，他所得到的赞誉要远远少于他因为失利而遭受的指责，这就引出了经济学家所谓的“委托代理”[②]。即便这样选择增加了本队获胜的概率，心系自身名誉的教练也会做出错误选择。他会选择弃踢，仅仅是因为他不想成为替罪羊。（在我对足球比赛的罚点球所进行的研究中，我也发现了同样的现象。踢向中路是最佳策略，但一旦罚失，情况会很难堪，

① 在美式橄榄球中，持球的一队（进攻方）有四次进攻机会向前（防守方的达阵区）推进10码，每次机会称为一个“档”。进攻一方如果成功在四档内累积推进了10码（或10码以上），便可再次获得继续进攻的四档。如果进攻一方在四档内都不能向前移动10码，便要把球在第四档进攻结束的位置交给对手。球队大多会在第四档时采用弃踢的方式将球权转移给对手，令他们从较远的地方开始进攻。——译者注

② 委托代理，指由于代理人的目标与委托人的目标不一致，加上存在不确定性和信息不对称现象，代理人有可能偏离委托人的目标，而委托人难以观察和监督，从而出现代理人损害委托人利益的现象。——译者注

所以球员并不经常罚中路。）昨晚，贝利奇克选择进攻这件事能证明的是他了解数据，而且他比任何人都在意输赢。

主场优势有多大？原因何在？

都伯纳

主队是否真的有优势？

当然有。在《得分》一书中，托比 · 莫斯科维茨和乔恩 · 沃特海姆笼统地编写了所有重要体育项目的主队获胜比例。有的数据起始时间要早于其他数据（美国职业棒球大联盟的数据始于 1903 年，美国橄榄球大联盟的数据开始于 1966 年，美国职业足球大联盟始于 2002 年），但数据规模都很大，足以从中得出结论：

表 1　各联盟主队的胜率

联盟	主队胜率
美国职业棒球大联盟	53.9%
美国冰球联盟	55.7%
美国橄榄球大联盟	57.3%
美国职业篮球联赛	60.5%
美国职业足球大联盟	69.1%

所以，主场优势的存在毋庸置疑。实际上，列维特曾经写过一篇学术论文，探讨了在主场黑马球队身上下注（嘘！）的聪明之处，我们在《纽约时报》做过进一步的阐述。

但为何存在主场优势？有多种理论值得思考，包括：

> “在自己床上睡觉”和“吃自家做的菜”。
>
> 对主队球场更加熟悉
>
> 观众的支持

这几条都言之有理，不是吗？在《得分》一书中，莫斯科维茨和沃特海姆收集数据，以验证各种各样的流行理论。读到他们的结论，你或许会大吃一惊（甚至还可能大失所望）：

> 运动员主场作战时，棒球球员的击球或投球似乎并无改善……橄榄球球员的传球也不见好。观众似乎对主队并无帮助，对客队也没有造成伤害。我们将“旅途劳顿”从列表上划掉了，而且客队在赛程上面临的不利虽然可以解释一部分主场优势，尤其是大学体育，但在许多体育项目中，却无关紧要。

那么，如果说这些流行的说法难以解释主场优势，又有什么可以解释呢？

一言以蔽之——裁判。莫斯科维茨和沃特海姆发现，基本上，无论是棒球比赛的三振出局，还是足球比赛中的犯规被罚点球，主队都会受到裁判的轻微偏袒。（值得注意的是，足球裁判所掌握的判罚自由对比赛结果产生的影响要大于其他体育项目的裁判，这有助于解释为何全世界足球比赛的主场优势都要大于其他任何职业体育项目。）

然而，莫斯科维茨和沃特海姆也澄清了一个重要的细节：裁判的偏袒行为很有可能是不由自主的。

这意味着什么？这意味着裁判并非有意决定要让主队占优。相反，作为和其他人一样的社会性动物（和凡人），他们被主场观众的情感同化了，偶尔会做出判罚，取悦近在咫尺的喧闹人群。

在支持这一理论的阵营中，最有说服力（且最聪明）的观点之一来自托马斯·多曼的一篇研究论文。该论文探讨了德甲（德国顶级足球联赛）中的主场优势。

多曼发现，在足球场周围有跑道环绕的球场中，主场优势要小于无跑道球场。

为什么？

显然，在观众座席距离球场更近的情况下，裁判更容易受到主场观众的情绪感染。或者用多曼的话来说：

> 尽管对裁判来说，保持公正不阿是增加再执法可能性的最佳做法，但球场内的社会氛围导致他们出现偏袒。

所以看起来，观众的支持确实有影响，但影响方式却与你想当然的方式不同。下次在橄榄球比赛中声嘶力竭的时候，切记这一点，但要确定你知道自己应该对谁喊。

喜欢匹兹堡钢人队的10个理由

都伯纳

纽约遭到“9·11”恐怖袭击后，很多人写信或打电话给我，询问我和我的家人是否安好。其中某些人至多只能算是泛泛之交，但对他们很多人来说，我是他们认识的唯一一个住在纽约的人。他们的关心虽然最初有些出人意料，但仍然十分令人动容。

最近两周，我又记起了这种被众人关怀的感觉，因为我接到了很多人的邮件、电话，向我祝贺匹兹堡钢人队重回超级碗决赛，对阵红雀队。我想，这一次仍然是，对很多人来说，我是他们认识的唯一一个钢人队球迷。

因为这样一项站不住脚的成就——不过是支持的球队恰好赢了几场橄榄球比赛而已——而接受祝贺，我感到很难为情。显然，我毫无功劳。在过去的三个赛季中，我确实每个赛季都带我年幼的儿子——忠实球迷——看过一场比赛，但这三场钢人队比赛都输了！鉴于在此期间，其总体主场战绩为 13：6，我显然不是什么吉祥物。

但既然有幸得到这么多祝福，就要肩负起重大的责任。为了报答大家的祝福，请允许我罗列出喜欢钢人队的几点理由。在此，我并无拉拢任何人之意，只是想为尚无立场的人提供一些谈资。

1. 虽然钢人队在向创纪录的第六次超级碗冠军发起冲击，其在建队后初期的 40 年的表现之差却也无可比拟。因此，无论你是喜欢满载荣誉的成功球队，还是惹人喜爱的失败球队，钢人队都能满足你所需。早在 20 世纪 30 年代，他们便斥重金签下了大学生明星“奇才”拜伦 · 怀特。他表现出色，但只留了一个赛季，随后改行进入了关注度略胜于橄榄球的行业，成为美国最高法院大法官。

2. 自 1933 年建队以来，钢人队的多数股权一直为同一家族所有，即鲁尼家族。据说，阿特·鲁尼某日在萨拉托加赛马场走运赢了2 500美元奖金，用这笔钱买下了球队——他是一个狂热的赌徒和深受喜爱的无赖。但这很可能是虚构的。球队现在传到了家族的第三代管理者手中。就家族而言，鲁尼家族堪称典范：体面高尚、乐善好施、谦恭仁厚，等等。（如果你欣赏巴拉克·奥巴马，你就更有理由喜欢他们了。72岁的球队主席丹·鲁尼终其一生都是共和党人，却在去年早早便选择支持奥巴马，在宾夕法尼亚州积极游说。说鲁尼让竞选局势倒向奥巴马一边是言过其实了，但在宾州，确实没有能和钢人队势力匹敌的品牌，所以这肯定无碍于他当选。）该家族以管理一支体现其家族价值的橄榄球队为傲。钢人队被称为"有性格"的球队。因此，一旦有球员表现出不良品行，观看事态的发展也是很有趣的。本赛季初，首发外接手桑托尼奥·霍姆斯因携带大麻被警察拦车（事后发现他在青少年时期贩过毒），球队对他处以停赛一周的处罚。这很难说是强制性的措施，霍姆斯甚至没有被捕，但这确实起到了以儆效尤的作用。

相比之下，在圣迭戈闪电队最近做客匹兹堡参加季后赛的几天前，闪电队的首发外接手文森特·杰克逊因涉嫌酒后驾驶被捕。闪电队例行公事，发布了一篇类似"我们会密切关注事态发展"的新闻稿，但杰克逊还是照常上场了。

3. 迈伦·科普。他是一名才华出众的作家，虽然嗓音沙哑富于磁性，混杂了意第绪口音，却成了钢人队的解说员。他与众不同，在直播中会赞叹："唷嗬！"如有尤其精彩的事情发生，他则会说："双倍啃啃！”去年去世的他借此巧妙地将声援之词与实事求是融会贯通，因此成了匹兹堡的名人。但他最为人所知的一项成就却是发明了“恐怖毛巾”——一条以钢人队金色为主色的毛巾布。每逢周日，这条毛巾便随处可见，在坦帕的阳光下疯狂地挥舞着。其他许多球队也曾仿造过这条毛巾，但没有一个地方形成的号召力能与匹兹堡匹敌——部分原因是科普将巨额收益捐献给了阿勒格尼山谷小学一个接纳有智力障碍和发育障碍人士的家园，科普的儿子也是该校学生。

4. 球迷散居各地。尽管匹兹堡市顺利地从制造业重镇转变为服务业重镇，近几十年却仍然散失了约一半的人口，这导致球迷散居全美各地乃至海外。钢人队拥趸为了找到更好的工作被迫离开匹兹堡，尽管住在亚利桑那州、佛罗里达州或阿拉斯加州，却将子女培养成了钢人队拥趸。因此，美国几乎各大城市都有一间“钢人队酒吧”——每逢周日和志同道合的人一起看比赛的地方。钢人队或许不像达拉斯牛仔队[①]那样能自称是“美国之队”，但或许也够格了。

5. 佛朗哥 · 哈里斯[②]。有史以来最有意思、最高深莫测的橄榄球运动员，以至于有人（即我本人）甚至写书[③]探讨过他奇特的魅力。

---

① 达拉斯牛仔队，位于得克萨斯州北部的达拉斯市，被誉为“美国之队”，于1960年加盟NFL（美国橄榄球联盟），拥有众多球迷支持。——译者注

② 佛朗哥 · 哈里斯，生于1950年，美国已退役橄榄球运动员，曾效力于匹兹堡钢人队和西雅图海鹰队，于1990年入选橄榄球名人堂。——译者注

③ 此处指都伯纳的《英雄崇拜者的自白》（*Confessions of a Hero-Worshipper*）一书。——译者注

当然，佛朗哥也是所谓“天恩赐球”[①]（这一说法自然是由科普推而广之的）这一橄榄球奇迹的主角。此外，他的队友“小气乔”格林主演了有史以来最精彩的电视广告之一——该广告于今年翻拍，担纲主演的是魅力非凡的特洛伊·波拉马鲁。[②]

6. 不论知名度高低，钢人队在评估人才方面都是独具慧眼。试想一下他们自2000年以来在第一轮选秀中挑中的球员：普拉克西克·伯雷斯、凯西·汉普顿、肯德尔·西蒙斯、特洛伊·波拉马鲁、本·罗斯利斯伯格、希思·米勒、桑托尼奥·霍姆斯、劳伦斯·蒂蒙斯和拉沙德·门登霍尔。除了伯雷斯之外，所有球员都成了重要的钢人队首发球员，另有两人例外。蒂蒙斯已经接近于成为一名重要的首发球员，而现在评论门登霍尔还为时过早。这位新秀在赛季中被雷·刘易斯撞伤了肩膀。更加令人印象深刻的是，要考虑到

---

① 天恩赐球的说法源自“天恩赐胎”，即圣母“处女怀胎”的传说。1972年12月23日，匹兹堡钢人队对阵奥克兰突袭者队。在比赛还剩73秒的时候，钢人队以6：7落后一分。布拉德肖通过两档进攻将球推进到了本方的40码处，但距离可以射门的距离大概还有30码左右的距离。此后，布拉德肖三次传球连续失败，导致比赛时间只剩下了22秒，只留给了钢人队一次机会。布拉德肖传球后，接球员和防守球员相撞，球反弹到跑卫佛朗哥·哈里斯手里，后者狂奔42码达阵得分，绝杀突袭者。但有不少人质疑这次达阵的有效性，当时的规则规定如果球只接触了进攻方球员，则只有该球员有接球的资格。此次胜利之后，钢人队开启了8年四夺超级碗的王朝。——译者注

② 小气乔”格林，原名查尔斯·爱德华·格林，生于1946年，已退役橄榄球运动员，曾效力于匹兹堡钢人队，是20世纪70年代初最著名的防守球员之一。他四次获得超级碗冠军，入选过橄榄球名人堂。1979年，格林拍摄的可口可乐广告被誉为有史以来最优秀的电视广告之一。特洛伊·波拉马鲁，生于1980年，已退役橄榄球运动员，终生效力于匹兹堡钢人队。——译者注

最佳球员中有两位——威利 · 帕克和詹姆斯 · 哈里森——在选秀中落选了。哈里森最近荣膺大联盟最有价值防守球员，是有史以来唯一一名获得过该奖项的选秀落选球员。（确实，钢人队在超级碗中的对手亚利桑那红雀队的四分卫是库尔特 · 沃纳，他有机会入选名人堂，但在成为橄榄球运动员之前的工作却是为商品装袋。）

7. 钢人队是一支市场很小的球队（匹兹堡的人口还不到35万），实力却一直不俗。相比之下，匹兹堡的棒球队海盗队却有15年未曾染指过赛季冠军。诚然，市场很小的球队在橄榄球界的处境要比棒球界优越，因为橄榄球大联盟实行收入分成政策，但钢人队是一家财政谨慎的机构，这也不假。尤其能体现这一点的是，他们愿意放走手下的高价自由球员（阿伦 · 法内卡、乔伊 · 波特和普拉克西克 · 伯雷斯是最近的几个例子），他们也不会收揽不适合球队的高龄球星。

8. 和棒球相比，有关橄榄球的好书少之又少。然而，其中有一部佳作是小罗伊 · 布朗特的《失之交臂》，讲的就是钢人队。

9. 现任主教练迈克 · 汤姆林年纪轻轻、相貌非凡、足智多谋、庄重威严、出人意表。（在钢人队击败巴尔的摩乌鸦队、夺得超级杯冠军后的新闻发布会上，他引用了罗伯特 · 弗罗斯特的诗歌。）汤姆林两年前才上任。钢人队的前两任主教练查克 · 诺尔和比尔 · 考沃尔总共执教了37年之久。如今，橄榄球大联盟的教练用之则弃，执教时间往往不超过两三年。但我有预感汤姆林最终可能会在长青方面超越考沃尔和诺尔。

10. 钢人队是少数几支以所在城市实际产业命名的职业运动队之

一。正如格林贝以肉类包装为产业[①]，匹兹堡以炼钢为产业。而相比之下，红雀虽是一种非常讨喜的鸟类，却不会为亚利桑那做窝（以前也没有为圣路易斯做窝[②]）。此外，钢人队的队徽不是鸟的卡通形象，也不是盛气凌人的神圣“红皮人”[③]，而是真正的炼钢标志——黑色圆圈内有红、蓝、黄三色火星。另外，钢人队的队徽只印在头盔的一侧。相传这是因为球队非常节俭，不愿在每只头盔上用掉两只印花。

当然，你若是想不理会以上所有理由，选择支持红雀队（这支球队恰好由一群前钢人队教练、球员组成，甚至还有一名曾经的球童），也悉听尊便。但假如你确实选择支持钢人队，要知道这样做是有充分理由的。

更新：大家的支持或许确实有所帮助：钢人队以27：23击败了红雀队。

一年级数据搜集控的产生

都伯纳

我儿子的一年级老师最近举办了一次开放参观日活动，向家长介

① 格林贝的橄榄球球队名为“格林贝包装工”。——译者注

② 圣路易斯红雀队为美国的一支棒球队。——译者注

③ 此处指华盛顿红皮队，其队徽为印第安人的形象，印第安人也被称为红皮肤人。——译者注

绍了他们的孩子今年要学习的内容。不得不说，这些内容令人印象相当深刻，我最喜欢的一部分是让孩子成为一年级的（或可说一流的）实证主义者。

这名教师名叫巴巴拉·兰开斯特，是一位优秀的老教师。她描述了一个即将开展的项目：收集有关中央公园全部22座操场或其中几座的数据。

首先，孩子们会投票选出公园内最受欢迎和最不受欢迎的操场。然后，他们会收集各项指标的数据：秋千数量、开放空间面积、背阴区与阳光直射区，等等。随后，他们会设法分析出构成好操场优点的因素和构成烂操场缺点的因素。他们还会考虑每座操场的安全及其他标准。

在我一年级的时候，我们没有做过这种项目。坦白地说，我很羡慕。

按照同样的思路，我最近在中央公园和自己的孩子做了一个游戏。我们坐在我们最钟爱的一块岩石上，俯瞰“环路”——一条6英里长、横穿公园的公路。我问他们经过的人是跑步的多还是骑车的多，两个孩子都笃定地说骑车的多——或许是因为骑车的人要比跑步的人快很多，给人留下的印象也就更深。于是我们打了个小赌（我猜是跑步的人，他们猜是骑车的人），然后开始数经过我们面前的两种人哪一种先过百：是100个跑步的人，还是100个骑车的人。我赢了，但赢面不大：100∶87。

那是在一个工作日的傍晚。几天后，我们又在一个周末早晨做了同样的游戏。孩子们坚持立场，选择了骑车的人。这一次，他们猜对了：骑车的人超过了跑步的人。我猜在工作日晚上的路上，尤其是因为白昼越来越短，很多人不愿意取自行车出来，但在周末早晨，他们却不嫌费事。

这对我们所有人来说，都获益良多，也让我们留意寻找其他有意思的测量对象。让我们更加获益良多的一点是，无论是自我学习还是教育子女，寓教于乐想必都是上策。

一年一度的肯塔基德比[①]预测

列维特

我也不确定是何缘由，毕竟我认为这不值得人关心，实际也没有人关心，但每年我还是会纵容自己发表对肯塔基德比的预测。

与前两年相反，我的电脑模型对今年的德比做出了确凿的预测。从下注角度来看，我最喜欢的两匹马（即我认为在其身上下注实际会带来正面期望价值的马）是“一级战备”和“克莱姆爸爸”。两匹马的投注风险都很高，当天的早晨马讯赔率为 20：1，但我的模型预测其实际赔率会低于此。

也有其他几匹马看起来前景不错，但势头并不足以带来正面的预期投注价值：“弗里生之火”“火枪手”和“飞翔的大兵”。

① 肯塔基德比，每年于美国肯塔基州路易斯维尔市丘吉尔园马场举行的赛马比赛。——译者注

夺冠热门“我欲复仇”看起来也不错，但并不值得下注。

若要我选出倒数第一名（这种赌注他们永远不会在赛场上推出，因为参与赛马的人比多数人更了解人们受诱因驱使这一点），那会是“天鸟翱翔”。

几天后……

所幸无人关注

列维特

所幸，没有人关注我的年度肯塔基德比预测，因为要是有人关注，他们会读到我在周五做出的这条预测：

> 若要我选出倒数第一名（这种赌注他们永远不会在赛场上推出，因为参与赛马的人比多数人更了解人们受诱因驱使这一点），那会是“天鸟翱翔”。

然后他们又会读到《波士顿环球报》周日体育版的大标题：

> 赔率 50：1 的马匹在德比中震惊了夺冠热门
> “天鸟翱翔”以 6 又 3/4 个马位的优势获胜

但世事总是要否极才能泰来，我列出了我看好的五匹马，其中一匹马在 18 匹马中以倒数第一结束了比赛，另一匹是倒数第二！

其他三匹的成绩还算尚可：第三、第四和第十。

鉴于这种表现，还会有人需要让我预测普力克内斯大奖赛[①]吗？我认为会有的。你看，提及预测这种事，像我这样预测很离谱的人，和神机妙算的人一样，有着相同的价值。各位只需听一听离谱的预测者如何预测，再反之行事即可。

① 普力克内斯大奖赛，美国的平道马赛，创办于1873年，在巴尔的摩市安姆利科跑马场举行。——译者注

WHEN TO ROB A BANK

第九章

何日宜抢银行

我们总是为犯罪着迷——并不一定是以身试法，而只是加以研究。在《魔鬼经济学1》中，谈论最多的话题之一，就是我们认为堕胎合法化是造成20年后犯罪率下降的原因。我们对犯罪的钟爱差点让我们登上一部网络电视剧，险些将我们其中一人送入关塔那摩湾监狱，这也是本书书名的灵感来源。

何日宜抢银行

都伯纳

最近，我读到一篇文章说有个人在纽约抢了6家银行，但犯案时间全部是周四，但文章对为何选择这一天的理由并未说明。或许劫犯对银行的营业方式略知一二，或许他的占卜师告诉他周四是吉日，或许仅仅是周四符合他的时间表。

无论如何，这都让我想起了最近去爱荷华州时听到的一个故事。故事讲的是一位名叫伯尼斯·盖格的本地银行职员，1961年，她因多年挪用200多万公款而被捕，银行的老板是她父亲。据说，伯尼斯为人慷慨，不少赃款都赠予了别人。她被捕后，银行也破产了。她锒铛入狱，5年后获得假释，搬回与父母同住。

据说，盖格被捕之时，已经疲惫不堪。为什么？因为她从不休假。事实证明，这是她犯案的关键一环。据说——这是由一名退休的苏城警察告诉我的，但我尚未能查证真伪——她从不休假的原因是，她负责登记两套账目，不能冒险让临时顶替他的员工发现她挪用公款的行为。

据该名警察透露，最有意思的部分是，盖格出狱后，就职于一家银行监管机构，负责协助制止挪用公款的行为。她最大的贡献是找出不休假的员工。事实证明，这一简单的衡量标准对制止挪用公款行为有着极强的预测能力。如同作弊教师和串通一气的相扑力士，窃取银行财产的人有时也会留下有迹可循的模式，将矛头指向他们，无论是不休假，还是连续周四作案。

这一切让我对抢银行的总体数据心生好奇，或许周四确实是最宜抢银行的日子？

据联邦调查局统计，美国每年发生约 5 000 起银行抢劫案件。周五无疑是工作日中最繁忙的一天（周末的抢劫案相对较少），每年有 1 042 起抢劫案发生在周五。排在其后的依次是周二（922 起）、周四（885 起）、周一（858 起）和周三（842 起）。但没有证据表明其中任何一天的成功率高于其他几天。

此外，劫匪似乎并不十分擅长实现收益的最大化。上午发生的劫案收获的赃款要远多于下午的劫案（5 180 美元对 3 705 美元），但银行劫匪更倾向于选择下午作案。（或许他们喜欢睡懒觉？或许他们要是能早点起床去工作，就不必去抢银行了？）一般而言，美国的银行劫匪抢劫成功后的平均所得为 4 120 美元。但他们的成功率却不如我原本的预期：他们在35%的情况下都遭到了逮捕！所以这名新泽西的劫匪能连续6次在周四作案，已经领先于同行了。

英国的银行抢劫成功率与美国不相上下，但英国劫匪的总体所得要高出很多。经济学家巴里·奥赖利、尼尔·里克曼和罗伯特·威特掌握了一组来自英国银行家协会的数据，依据对数据的分析写了一篇论文，论文刊登在皇家统计学会会刊《意义》上。他们发现，所有银行劫案——包括抢劫未遂案件——的平均收益约为30 000美元。他们指出，多人合伙抢劫的赃款所得往往高出很多。一般而言，在普通的劫案中，每名劫匪的所得约为18 000美元。所以这远高于其美国同行。但同样，被捕的概率很高。因此，作者总结道，“坦白地说，平均每起银行劫案的收益一文不值”，而且“作为一个牟利性的职业，抢银行仍有不少有待改进的地方”。

因此，如果我们想知道抢银行的吉日，答案似乎是……没有吉日。当然，除非你恰好已经在作案了。但即便如此，代价仍然很高——因为你可能会永远失去休假的权利。

中国的实际犯罪率是多少？

列维特

当然，官方数据显示中国的犯罪率非常低，谋杀率约为美国的1/5。据官方犯罪率统计，所有类型的犯罪都很罕见。中国当然让人很有安全感，我们走过富人区和贫民区的街道，我自始至终没有片刻感受到威胁。涂鸦的痕迹完全无处可寻，我以为我总算在上饶市火车站附近找到了一处涂鸦，结果却发现，桥上用喷漆涂写的标语只是政府在警告任何人在桥下随地大便都会遭到重罚。

但仍有各种各样的奇怪行为似乎显示某些犯罪确实是大问题。

首先，人们似乎对假币的风险有执念，我们的导游觉得有必要教我们如何辨认假币，每次我用现金买东西，老板都要用各种各样的花招来验证纸币的真伪。

其次，从我们所住的一些酒店退房的时候，要耽搁15分钟的时间，等一名酒店员工去检查腾出的酒店房间。我推测这是为了检查被盗的表、毛巾和迷你酒吧物品。（我有可能误解了他们检查房间的理由，我同样也想不明白为什么丢失一张房卡要罚15美元的费用，酒店办一张房卡的费用不可能超过几美分。）

再次，但凡是有理智的人都不会闯入的某些地方（如孤儿院）却由警卫室和金属闸门守护着，闸门必须向后开启，车辆才能驶进。我认为闸门不是为了将孤儿关在里面，但若说目的果真如此，也有可能！

再次，在我们乘坐的列车上，他们在我们上车时、乘车时都检查了车票，出站时也要求我们出示车票。

最后一点也是最引人注目的一点，公共厕所内一点厕纸都不配备，连较为高档的餐馆也是如此。或许又有什么东西我没注意到，但我的印象是厕纸是非常昂贵的商品，且留在公厕内一定会被偷。

切勿提醒罪犯他们是罪犯

列维特

长久以来，心理学家一直对启动效应[①]的作用争执不下，即微妙的暗示与提醒对行为产生影响的力量。例如，有多篇学术论文发现，如果你让一位女性写下自己的名字并圈出自己的性别，然后接受数学测试，她的成绩会远低于只让她写名字的情况。其理论是，女性自认为不擅长数学，将性别圈出的行为提醒了她们自己身为女性，理应不擅长数学。我一直对这些结果将信将疑（在我和罗兰·弗赖尔与约翰·利斯特所做的一项研究中，我也确实没能复制这些结果），因为性别是我们身份认同极为重要的一部分，我很难相信女性是女性还需要我们提醒！

有一项很有意思的新研究名为“坏小子：罪犯身份对欺诈行为的影响”，在研究中，阿兰·科恩、米歇尔·安德烈·马雷夏尔和托马斯·诺尔发现了一些耐人寻味的启动效应现象。他们去一家重度警戒监狱，让囚犯在私下里掷硬币，然后上报硬币为“正面”的次数。他们掷出的“正面”越多，所得到的金钱奖励就越多。虽然作者无法辨别任意一名囚犯是否诚实，但他们知道平均下来，掷出“正面”的概率应为一半，所以他们可以估算出总体的欺诈行为有多严重。在进行研究之前，他们让一半的囚犯回答“罪名是什么”这一问题，让另一半回答“平均一周看多少小时电视”这一问题。结果被问

① 启动效应，指由于之前受某一刺激的影响而使得之后对同一刺激的知觉和加工变得容易的心理现象。——译者注

到罪名的人上报的“正面”概率为66%，而被问到看电视时间的人上报的“正面”概率“仅”为60%。

相比于普通人，囚犯的欺诈倾向有多高？他们让普通公民参加同样的游戏，硬币掷出“正面”的概率为56%。

那么对罪名提出的问题究竟有多大影响呢？相比于出现启动效应的囚犯所做出的行为，被问到看电视时间的囚犯所做出的行为实际上更接近于普通公民。

作为经济学家，我痛恨启动效应会产生影响的理论。作为实证主义者，我想我最好习以为常。

真正的罪犯如何评价《火线重案组》？

素德 · 文卡特斯

对于《魔鬼经济学1》的读者来说，素德 · 文卡特斯已经是个耳熟能详的名字了。在芝加哥读研究生时，他在一个贩毒团伙内混迹了数年之久。这项研究构成了我们书中一章内容的基础，这一章名为《为何毒贩还在与母亲同住？》。他此后继续做着引人关注的研究，从经济学范围内最低端的话题到最高端的话题无不涉及，并经常将这些研究写在“魔鬼经济学”的博客上。

自从开始看HBO（总部位于美国纽约的有线电视网络媒体公司）拍摄的《火线重案组》以来，我一直感到这部电视剧在展现现代城市生活方面相当写实——不仅是帮派与毒品的世界，还有黑社会与市政府、警察、工会等几乎各方势力的联系。当然，它与本人在芝加哥和纽约所做的实地研究相符合，且远远优于多数展现内城区与城市生活面貌相交织的学术和新闻报道。

几周前，我将几位颇有威望的街头人物叫到纽约市区，请他们观看这部电视剧的最新一季。我想不出比这更好的质量控制方式了。

看第一集的时候，我们在“闪光”位于哈莱姆区的公寓集合。“闪光”现年43岁，一半为多米尼加血统，一半为非裔美国人血统，曾管理一个帮派长达15年之久，后因贩毒罪名入狱服刑10年。我邀请了和“闪光”相似的年长之人，多数都已经从毒品交易中金盆洗手，因为他们和流氓警察、恶棍政客等类型的人打交道的经验比较多，正是这些人让《火线重案组》如此引人入胜。他们亲切地将我们的聚会称为“恶棍与小表”。（“小表”——“表弟的简称——指的是我。）

现场有充足的爆米花、排骨、劣质的本地啤酒和抹辣酱的炸猪皮。猪皮显然是美国恶棍的最爱，很快就吃完了，所以现场一名排行较低的帮派成员被派出去再买几袋。

以下是对当晚亮点的仓促总结：

1. “邦克”受贿了。令我大失所望的是（因为他是我最喜欢的角色），整个屋子的人一致认为，邦克有罪。用“闪光”的话来说，“他太精了，不可能没拿好处。我对他没有意见！但他绝对和这些街头混混串通了。”很多人从以前的剧情中见识了“邦克”作为警探的实力。开场时，他巧妙地诱使犯人招供，这让他们进一步确信“邦克”太精了，不可能什么都没隐瞒。

2. 第一个预测：麦克纳尔蒂和“邦克”会反目。对“邦克”探案工作的观察导致大家得出了第二个一致同意的看法，即麦克纳尔蒂或“邦克”会被拿下，遭到枪击、逮捕或谋杀。这与麦克纳尔蒂和“邦克”将产生冲突的观点密切相关。理由嘛，所有人都认为马洛、“建议”乔或其他地位较高的帮派头目肯定同两名警探中的一人有密切关系（目前原因不详）。“否则，”来自新泽西州北部的前毒品供应商“酷J”说，“他们绝不可能在假日酒店见面！”住在布鲁克林区的前帮派头目奥兰多认为“邦克”和麦克纳尔蒂的野心会相互阻挠。“他们有一个会被拿下。要么是白人小子喝醉酒，就因为喝高了所以开枪打死了什么人，要么是‘邦克’为了破案出卖他！”

3. 暴发户马洛在合作会议上质疑老资历的“建议”乔时，众人爆发出最大的吵嚷声。“要是‘建议’乔有种，他 24 小时内就会没命！”奥兰多吼道，“但写这部剧的白人老是喜欢让这些不知好歹的角色活着。他要是在纽约东部，绝不可能活过一分钟！”随后，他们下了一系列赌注。对马洛什么时候死，他们总共下了 8 000 美元左右的赌注。下注者让我——作为中立方——保管这笔钱。我婉拒说，我的小猪存钱罐已经满了。

4. 卡瑟提是白痴。多名观察员评论称，这位巴尔的摩市市长在与联邦警察打交道时既无“地位”，又无经验。在他们看来，联邦警察喜欢拿联邦反诈骗法规（RICO）作为捣毁贩毒团伙的手段，以此插手和干扰地方警察的调查。“联邦警察一旦拿出RICO，本地的警察就会觉得没了权力，”托尼T解释道，对联邦警察突击期间被剥夺职权的本地警察表示同情，“白人（即卡瑟提）要是知道自己在合计什么，就应该让他们这些条子一直调查马洛，到能立案的时候再拿这个和联邦警察交易，得到他想要的东西。”其他人纷纷附和称编剧要么不了解这一基本事实，要么是有意把卡瑟提描写成一窍不通的人。

当晚以一系列其他赌注结束：托尼T提出“邦克”在本季末会死掉，接受了别人对此观点的挑战；“闪光”提出马洛会杀掉“建议”乔；最年轻的参与者、29岁的“口味”下注2 500美元，打赌克莱·戴维斯会逃过指控，透露自己与马洛的亲密关系。

我感到自己有必要附和一下大家：我出5美元，打赌到第四集之前，《巴尔的摩太阳报》的发行量会翻番，引来沃伦·巴菲特的收购。谁也没有兴趣接受我的赌注。

更新：文卡特斯此后又写了9篇专栏文章，讲述和他有犯罪倾向的朋友一起看《火线重案组》的经历。这些文章均可在Freakonomics.com上阅读。

帮派税

素德·文卡特斯

纽约州参议院最近通过一项法案，宣布招募他人加入街头帮派是违法的。

在市政府官员和立法者永无休止的打黑斗争中，这是最新的以智取胜措施之一。其他倡议包括：出台城市法令，限制两名或两名以上帮派成员在公共场所厮混；制定学校准则，禁止穿戴表明帮派成员身份的帽子、衣服和颜色；让公共住宅管理机构驱逐在居住单位内收容帮派成员（或其他任何“罪犯”）的租赁人。

这些法令难以降低帮派成员人数、帮派暴力或帮派犯罪行为。实际上，我认识的警察宁可“控制并遏制”帮派活动。多数在内城区工作的警察都明白，帮派活动不可能完全根除——逮捕两名帮派成员，你会发现还有几十个人在排队等着填补他们的空缺。警察知道帮派成员对当地的犯罪行为知根知底，所以对情报交易很依赖：将帮派隔离在特定区域内，不让他们的犯罪活动波及其他区域，并利用地位较高的帮派成员获取情报。

这种策略实际上起到了防止帮派成员规模扩大的作用，至少对大城市内以经济营利为目的的帮派来说，确实如此。负责巡视街道的巡警确保帮派头目没有为了招募成员欺凌太多孩子。实际上，这种治安策略限制了帮派的规模。这或许算不上是社会认可的治安策略，但若以减少帮派成员规模的效率衡量，这确实行之有效。

我打电话给芝加哥的几名帮派头目，询问他们招募和挽留手下成员遇到的最大障碍。

以下是几种回答：

迈克尔（30 岁，非裔美国人）坚持认为，如今的帮派多为“售毒团队”，即企业：

我们老是因为有人找到活干，损失人手。如果我的团队里有黑人找到了好工作，他就走了。所以，只要弟兄们没有活干，我们就没问题。我们多数人都携家带口，不会去学校打来打去、干蠢事。我们上街是为了挣钱。你们找那些人告诉我们要受教育——我每个月挣几千美元，我为什么要去上学？

达内尔（32 岁，非裔美国人）说警察应该多耍一些花招。

比方说你抓了我们的一个人——换我来，我就会让这小子穿裙子、描眉画眼。大概两个星期吧。让这小子打扮得像个小姑娘一样去学校。让他打扮得像个基佬一样上街。我跟你担保，你们要是搞这种鬼花样，我们就很难留住那些黑人了！

小乔（49 岁，波多黎各与黑人混血）说警察应该……

……学我年轻时候他们的那些招。三更半夜把“门徒帮”的人丢到“邪恶领主”的地盘上，让他被臭揍一顿，而且要一直这么做！我记得从小到大，这些小毛贼经常被揍。你知道吗？这其实能帮到我，因为这能打发掉那些不给我们干正事只会找麻烦的人。实际上，要是有条子愿意打电话给我，我很愿意跟他们合作，没准儿我们能帮各自一把。

我的好友多萝西没有管理过帮派，但作为帮助过不少贫民区青年洗心革面的外展工作者，她了解颇深。回顾她在 20 世纪 90 年代亲身参与的一些帮派干预措施，她提出了以下建议：

> 向黑人收税！如果我是市长，我就会这么做。不要把他们关进监狱，而要征收他们一半的收入。你明白我的意思吗？找到那些在街头干坏事的人，罚掉他们手中一半的钱，计入社区基金。把钱给互助委员会，把钱给教堂。我向你保证，如果你把手伸向他们的钱包，很多弟兄会三思而行。

很有意思的看法。我想知道市场力量是否能起到规范作用，限制年轻人参与帮派控制的毒品经济。假如真如财政部长保尔森对我们的提醒所言，"市场约束"足以规范金融市场，或许它也能有效规范地下市场。

哦，对了，我忘了贝尔斯登公司[①]。（抱歉，实在忍不住。）

不要把菜烧糊

列维特

在1999—2004年针对13个非洲国家的一项样本调查中，52%的受访女性称她们认为妻子忽视孩子是殴打妻子的正当理由；约45%的人认为出门未告知丈夫或与丈夫吵架是正当理由；36%的人认为拒

① 贝尔斯登公司，原美国华尔街第五大投资银行，成立于1923年，总部位于纽约市，主营金融服务、投资银行、投资管理，在2008年的美国次级按揭风暴中严重亏损，濒临破产而被收购。——译者注

绝性行为是正当理由，而有 30% 的人认为把菜烧糊是正当理由。

这就是女性的想法。

我们生活的世界无奇不有。

上一次有人对这些问题给出肯定回答是什么时候？

列维特

要想成为美国公民，必须填写 N–400 移民与规划服务表。

对于 10（b）段的问题 12（c），各位认为有多久没有人给出过肯定回答了：

> 在 1933 年 3 月 23 日至 1945 年 5 月 8 日间，你是否为任何德国人、纳粹党员，或党卫军、准军事部队、自卫军、义务警察、民兵组织、警察部队、政府机构，或办事处、灭绝营、集中营、战俘、监狱、劳改营，或临时难民营，工作过或以任何方式与其有过联系？

我也想知道到底是什么人才会对这个问题给出肯定回答：

> 你是否曾经参加过恐怖组织，或以任何方式与其有过（直接或间接）联系？

我很惊讶我们居然还会费心去问这个问题：

你是否曾经参加过共产党，或以任何方式与其有过（直接或间接）联系？

不过也有一些较为刁钻的问题，比如这个：

你是否有过犯罪或违法行为，却没有遭到逮捕？

对于最后一个问题，没有多少人能凭良心说没有，但我猜所有人都还是会回答“没有”。

既然你知道人们永远不会承认，问这些问题有任何意义吗？

事实证明，这些问题其实是有意义的：美国的执法部门利用经证明为假的答案，起诉或驱逐个人。实际上，不久前的一天，和我谈话的几名警官说，他们希望N–400表格上能多加几道有关恐怖活动的问题。

普拉克西克·伯雷斯是否是异类？

都伯纳

几年前，我为《纽约时报》撰写了一篇文章，探讨美国橄榄球大联盟的年度“新秀研讨会”。联盟想在这为期四天的聚会里，警告新加盟的球员，他们可能会面临各种各样的陷阱，比如人身威胁、不良影响、拜金女、不诚实的资金管理人等。

联盟甚至还邀请了一群老球员和退役球员，向年轻人传授经验，其中一位是退役外接手欧文·弗赖尔。

“从这个屋子里走出去的，肯定会有几个白痴，”欧文·弗赖尔说，“你们要是有人自我感觉良好，快别得意了，你们还没干过什么。”

弗赖尔复述了他的职业生涯数据：17个大联盟赛季，自13岁起便染上毒瘾，4次进监狱。

“第一次，我在新泽西被拦了下来，”他说，“我那时正要去开枪杀人。我开着宝马，后备厢里放着枪，被抓进了监狱。第二次，还是枪。第三次是家庭暴力。第四次，又是枪。不是吧？得了得了，确实还是枪。我走投无路，就拿一把装有0.44英寸口径马格纳子弹的枪对准头，扣动了扳机。”

现在，弗赖尔已经成了一名牧师。

“在我还是新秀的时候，”他说，“我们可没有办过这样的活动（研讨会）。我被迫付出了血泪教训才懂事，不要把我当作逍遥法外的榜样，弟兄们，把我当作要有所不为的反面例子。”

看起来，普拉克西克·伯雷斯没有认真听讲。伯雷斯刚刚被匹兹堡钢人队选中的时候，和他匆匆见过一面，此后一直密切关注他的职业生涯。我对他的最初印象非常准确：他是个一等一的白痴。他最近的一次失足——在夜店里开枪打伤了自己的腿——显然是最严重的一次（根据纽约市的法律，他很可能会因非法持有手枪而锒铛入狱），但他在赛场内外的事迹听起来就像一张犯蠢清单。

但伯雷斯究竟有多么另类？据ESPN报道，并不算非常另类。一位业内人士估算，职棒大联盟有20%的球员携带隐蔽武器。为美职篮球员担任过保镖的一位前警察认为这一数字是“将近60%”。橄榄球大联盟呢？以下为ESPN的报道：“新英格兰爱国者队外接手贾巴尔·加夫尼本人也有枪，他说他认为90%的大联盟球员都有枪。”

伯雷斯的问题——除了他射伤自己这一点外——是他没有携枪证。虽然他住在新泽西州，但枪击事件发生在纽约市，而纽约市市长迈克尔·布隆伯格是坚定的枪支反对者。

即便ESPN的数字只对了一半，也会引出一个问题：非法携带手枪的风险是否小于一般大联盟球员不带枪出门的风险？

伯雷斯似乎是这样认为的。

在所有球员因枪犯险的故事中，还有肖恩·泰勒的案例。虽然携带了武器，且有自卫企图，但他仍然在自己家中被枪击致死。

他的武器？一把砍刀。

震慑犯罪还是除掉死敌？

列维特

多年来，我一直幻想着买把枪。我想要枪的唯一原因，就是万一有人闯入我的家，想恐吓我的家人，我能保护他们。床下的棒球棍似乎并不够，更别提我还胆小如鼠——至少我能想象到情况会事与愿违。

鉴于我自己对这种英勇行为的幻想，我衷心支持密苏里州通过的一项新法令。该法令规定，即便没有受到明显的威胁，你也可以对非法闯入你家中（甚至你车里）的人使用致命武力。在多数地区，你需要证明自己确实处于受伤或被杀的危险中，使用致命武力才是正当行为。

从震慑犯罪的理论角度来讲，我认为这条法令很合理。入室盗窃者进入你的房子并无正当理由，入室盗窃这种犯罪类型会造成高昂的社会代价（即便盗窃者所盗赃物不多，受害者看到自己的家遭到洗劫，也会受到深深的伤害），但罪犯预计受到的惩罚力度却相对较小，因为逮捕率很低。多数受害者从未见过入室盗窃者，所以与街头抢劫不同，他们很难抓获。多年前，我做过粗略的估算，如果我没记错的话，入室抢劫者因被受害者枪杀而损失寿命年的风险约为预计因罪服刑总时间的15%。换言之，假如你是入室抢劫犯，被屋主杀死应该算是很严重的问题。如果这条法令能鼓励更多的屋主杀死闯入者，入室抢劫很可能会减少。

另一方面，该条法律很可能不会对犯罪有太大的实际影响。在家中抓到窃贼并射杀的人，无论有无法律保护的存在，都会选择射杀窃贼。（这大体上就是我对隐蔽武器法所指证据的解读。）我认为，实际上，如果你射杀了一名闯入者，他们多半会放你一马。如果受害者的行为并无实际变化，窃贼的行为也没有理由会发生变化。更有甚者，会有一群像我这样笨手笨脚的人想在新法律的保护下反抗窃贼，最终却自己遭到枪杀。

然而，这条法令却令人想起了一些有趣的可能性。如果你憎恨一个人憎恨到想要置他于死地的程度，你只需设法骗他进你的家，制造他是闯入者的假象。或许你可以告诉他你要举办一场深夜扑克派对，让他自己进门上楼来一起打牌。或许可以说要为一个双方都认识的熟人办惊喜派对，所以所有灯都不开，让他在凌晨两点去你的卧室。

永远不要低估人类的创造力和阴险程度，也不要低估美剧《法律与秩序》将第一个此类案例拍成一集的速度。

废除华盛顿枪支禁令？小事一桩

列维特

最高法院最近废除了华盛顿特区的枪支禁令，芝加哥一项类似的枪支禁令或许会是下一个开刀对象。

这些枪支禁令的主要存在理由是为了降低犯罪率。有实际效果吗？能直接回答此问题的学术研究少之又少，但有一些间接证据。

首先来看直接证据。有几篇学术论文直接分析了华盛顿的枪支禁令，这些论文得出了相反的结论。

此类研究的基本难点在于必须有一项法律变革，这样才能对比变革前后的华盛顿。或者也可以找一个对照组，将变革前后的华盛顿与变革前后的对照组做比较（即经济学家所谓的“双重差分分析”）。

此处的问题在于，犯罪率是波动的，选择什么对照组至关重要。我认为最合理的对照组是其他犯罪猖獗的大城市，如巴尔的摩或圣路易斯。若以这些城市为对照，枪支禁令似乎并无效果。

间接证据呢？芝加哥实行枪支禁令，而80%的凶杀案是用枪作案的。对于华盛顿用枪支作案的凶杀案比例，我能找到的最准确的数字来自一篇博客帖子，帖子称华盛顿也是80%。据联邦调查局统计，在全美范围内，这一数字是67.9%。

根据这些数字，人们很难板下脸说枪支禁令起效了。（而且华盛顿和芝加哥也并非凶杀案发率极低的城市。）

在我看来，这些市级枪支禁令和许多其他意在减少持枪犯罪案件的枪支政策一样毫无效果。在黑市活跃、现存枪支数量庞大的情况下，立法禁止或管制枪支是极其困难的。最珍惜枪支的人是那些持枪贩毒的人，在这种情况下，几乎任何措施都无法阻止枪支落入他们之手。

我的观点是，我们不应该出台政策限制持枪行为，因为这些政策毫无效果。似乎奏效的是严厉惩罚非法用枪的人。

例如，如果你用枪犯下重罪，你的刑期须依法延长五年。在实行该措施的地区，有一定证据表明枪支暴力确实减少了（但其他武器却成了替代枪支的作案工具）。

此类法律之所以值得一试有多个原因。首先，与其他枪支政策不同，此类法律确实有效。其次，这些法律不会让想持有枪支的守法人士付出代价。

减少枪杀案的最佳途径是什么？

都伯纳

在美国，是枪多还是关于枪的议论多？

很难说。多年来，我们对枪支问题进行过广泛探讨。在此，我们提出一个关注面较窄的话题：有何减少枪杀案的良策？让我们暂时搁置有关携带武器权利的普遍讨论，脚踏实地地讨论现实情况：美国枪杀案猖獗，如何解决？

我们向思考该问题的几位人士提出了一个简单的问题：你认为减少美国枪杀案数量的最佳策略是什么？这些答案对你们个人来说或许并不中听，但在我看来，其中多数都比如今枪支议论中常见的观点合理。

延斯·路德维格是芝加哥大学哈里斯商学院的麦考密克基金会社会服务管理学、法学和公共政策学教授，他的看法是：

> 我们应该悬赏——我是说重金悬赏——征集可帮助警察没收非法枪支的线索。
>
> 在美国，死于持枪自杀的人要多于死于凶杀案的人，但根据我和菲尔·库克的估算，枪支暴力每年造成1 000亿美元的社会成本损失，其中多数都源于持枪犯罪。多数谋杀案的作案工具都是枪支（芝加哥2005年的比例约为75%）。我们还知道，年轻人——尤其是青年男子——在犯罪分子中所占比例过高，

多数谋杀案发生在户外，且大量的凶杀案起因都是争吵或与帮派有关的事情。美国的枪支暴力问题有一大部分都是因为年轻人携枪出行或驾驶，拿枪干蠢事。

年轻人带枪部分是因为这有助于他们获得街头信誉。在我、菲尔·库克、安东尼·布拉加和社会学家素德·文卡特斯共同进行的一个项目（发表于《经济学杂志》）中，文卡特斯问芝加哥南区的人为何要带枪。一名没有带枪的帮派成员说：

“谁会怕我？谁会把我放在眼里？没有人。没有枪，我就是个娘们儿。”

枪支这种东西，很多人买来似乎多数是为了带去看橄榄球或棒球比赛，或是去派对上向朋友或女友炫耀。与此同时，携带枪支的代价或许太低。文卡特斯此前所写的一篇“魔鬼经济学”帖子指出，如果案犯被抓到的时候带着枪，警察对其他罪名也不大可能会宽大处理。但携枪被捕的概率并不算高，因为即便是因严重暴力犯罪或财产犯罪而被捕的概率也低得惊人。

重金悬赏征集匿名举报非法枪支的消息会增加携枪的代价，减少好处。在派对上炫耀枪支或许仍然能博得好感，但这样一来却会大大增加你的法律风险。

此类悬赏或许有助于削弱帮派成员之间的信任，尤其有助于让枪支远离校园。还有一堆逻辑问题需要解决，包括赏金应为多少（我认为 1 000 美元或 1 000 美元以上并不算离谱），以及警察如何在尊重公民自由的情况下按线索行动并没收枪支。

但这一想法确实有着巨大的优势，能让我们结束对枪支管制长期争执不下的僵局，让我们得以在这一主要社会问题上取得立竿见影的效果。

小“曼尼”杰瑟斯·卡斯特罗年仅12岁便成了帮派的活跃分子。在短暂的监禁之后，他加入了圣迭戈市的基石教会，目前在加利福尼亚州丘拉维斯塔市的“回心转意中心”负责管理GAME（通过辅导和教育理解帮派意识）项目，他说：

我从小在帮派里长大，见过许多人因帮派和枪支而丧命，对此有着切身的体会！有助于减少美国枪杀案的一个良策是让作案者的家人对因受害者家人的损失而造成的情感、心理和身体伤害进行经济赔偿。

这应包括（但不限于）终生不涨工资，且须负责所有葬礼费用和未偿付的债务。如果作案者不到18岁，那么不仅他本人要入狱服刑，他的父母也应该代罪服刑至少一半的时间。一切始于家庭，终于家庭！

实现这一点的最佳途径是立法并成立机构，教育父母如何阻止枪支暴力并清楚地告知（其子女）枪支暴力会造成何种后果。在“回心转意中心”，通过我们的GAME项目，我们发现我们所救助的年轻人很在意父母及父母的看法。

我了解了父母提供的家庭情况，便可将他们的问题纳入我们的GAME课程中加以解决。儿童尊敬自己的父母——如果父母知道他们得为孩子的行为服刑，或许他们会更加关心孩子的生活。

如果全美各个社区的人都能复制我们在“回心转意中心”的做法，我们可以在世界上大有作为。枪杀案这样的顽疾需要下重拳严惩。

戴维·海明威是哈佛大学公共卫生学院哈佛伤害控制研究中心的卫生政策教授兼主任、《私有枪支与公共卫生》的作者，他认为应该创建国家枪支安全管理局：

美国及世界机动车安全史上的一个里程碑是（40年前）创立了如今名为国家公路交通安全管理局（NHTSA）的机构。NHTSA创建了一系列有关机动车撞车事故与死亡事件的数据系统，为数据分析提供资金。这让我们得以了解哪些政策有效减少了交通伤亡，哪些没有效果。

NHTSA强制执行了多项汽车安全标准，包括推动发明可折叠转向柱、安全带和安全气囊的标准。它成了改善道路的倡导者——促使公路设计哲学从“开车的疯子”向“容错的路边地带”转变。美国疾病控制与预防中心将机动车安全的改善誉为20世纪的一大成就。

需要建立类似的国家机构，帮助减少枪支造成的公共卫生问题。枪杀目前是美国伤亡事件的第二大原因，2005年，每天有270多名美国公民遭到枪击，其中84人死亡。作为应对措施，国会应该（像应对机动车问题时的做法一样）成立一个旨在减少枪支致伤事件的国家机构。

该机构应该针对枪支致伤及致死事件创建并维护全面且详细的国家数据系统，提供研究经费。（目前，国家暴力死亡报告系统仅为17个州级数据系统提供经费，且不提供研究经费。）

该机构应该要求在美制造及销售的所有枪支具备安全性及打击犯罪的特性。它应该禁止无法用于打猎或防卫、只会危害公众的枪支成为普通民用产品。它应该有权确保所有枪支转让都要经过背景审查，以防枪支销售给罪犯和恐怖分子。

该机构需要资源及权限（包括制定标准、召回和研究能力），以对枪支做出合理决策。管理机构有制定汽车侧面碰撞性能标准的权力，也有权决定是否禁止三轮全地形车（而容许更加安全的四轮车）。

同理，每一项规范枪支制造与销售的具体规定都应经过更加科学的行政流程，而非偏向于政治化的立法流程。是时候将枪支安全去政治化了。

我险些被送进关塔那摩

列维特

昨天，我去西棕榈滩机场[1]想乘机返回芝加哥，却看到出发时刻

① 西棕榈滩机场位于佛罗里达州棕榈滩以西3英里处。——译者注

表上我那趟航班的起飞时间写着“延误”，它们甚至懒得撒谎说飞机在短期内会起飞。

一番侦查之后，我发现另一家航空公司有另一趟航班能载我回家。我买了张单程票，走向机场安检。

当然，最后一刻购买单程票的行为触发了运输安全管理局的警报灯和警报器。所以，从队伍里被拉了出来，接受搜查。先是全身搜查，然后是行李。

我从来没有想到我最新的研究会让我惹上麻烦。近来，我一直在认真思考恐怖主义。我在登机行李中放的东西里有一份对“9·11”恐怖活动的详细描述，通篇都是每名恐怖分子的照片和背景信息。此外，还有我对恐怖分子的动机、潜在目标等所做的几页潦草笔记，这也是安检员从我包里拿出的第一样东西。原本愉悦的脸色变得阴沉起来，四名运输安全管理局职员突然将我包围起来。他们对我的解释似乎并不买账，上司过来后，一名安检员说：“他自称是研究恐怖主义的经济学教授。”

他们继续将我两个包里的每件物品都拿了出来。清空我的书包花了很长时间，这个包有 12 个独立的口袋，每个口袋都装着零碎的废物。

“这是什么？”安检员问道。

“这是《怪物公司》的唇膏和钥匙扣。”我回答道。

于是就这样检查了 30 分钟。除了唇膏之外，他尤其感兴趣的是我的护照（所幸确实是我本人的）、我的幻灯片演示文稿、在书包缝隙里随意丢弃的药片（由于多年不见天日，沾满了纱布和铅笔头）和一本破旧的书（《当好人遇到坏事》）。

最后他总算相信了我确实是自己人，让我登上了去芝加哥的飞机。谢天谢地，我把我那本最近在博客里写过的恐怖分子手册留在了家里，否则我就得直接飞往古巴了。

奇闻异事：NBC[①]买下魔鬼经济学风格的警匪剧

都伯纳

几个月前，有人请我和列维特编一部根据“魔鬼经济学”概念创作的警匪电视剧。主要情节是，一座大城市的警局陷入了危机，聘请了一名离经叛道的学者协助控制犯罪。

我觉得这个想法简直荒唐至极，但也有着不同寻常的吸引力。这个创意是布赖恩·泰勒想出来的，年纪轻轻的泰勒在凯尔西·格拉默[②]的格拉默奈特制片公司担任经理。该公司当时是狮门影业公司的合伙人，著名编剧凯文·福克斯加入了团队，该剧名为《弃民》。

几周前，我和列维特前往洛杉矶，帮助这些人向电视广播公司推销这部剧。由于我们对电视一窍不通，我们尽量少说话，让凯文、布赖恩和凯尔西施展本领。他们成功了！以下是来自Deadline.com的新闻：

① NBC，美国国家广播公司。——译者注

② 凯尔西·格拉默，美国著名演员，曾五次获得艾美奖。——译者注

> NBC买下了《弃民》……这部警匪剧的主角受到“魔鬼经济学”理论的启发，而该理论是由经济学家兼作家史蒂芬·列维特和史蒂芬·都伯纳推广开来的。在《弃民》中，圣迭戈市市长委派一名没有执法背景、离经叛道的学者，用受到“魔鬼经济学”启发的另类治安方式管理一个特别小组。

谁知道这会进展到什么程度，但这次经历到目前为止还是很有趣的。同格拉默聊表演尤其发人深省（目前，他正在主演高档电视剧《风城大佬》[①]，饰演一位戴利式[②]的芝加哥市长）。其间，我问他为什么某些人在屏幕上有着迷人的面容，而有的人虽然相貌更加出众，或在其他方面更有魅力，在屏幕上却并不迷人。

他立即回答道：“头部尺寸。多数成功的演员都头大。”

他指的是生理上的头大。至少我是这样理解的。

> 更新：即便按照好莱坞的标准，这次交易的流产速度也是很快的。几次电话会议后，NBC告知制片人，它们要换方向，或是它们要换主意，或是要换机油，诸如此类的。我们仍在等待重见天日的时刻。

---

① 《风城大佬》是一部政治剧集，讲述受人爱戴的市长汤姆·凯恩在被诊断为老年痴呆症后的故事。——译者注

② 此处应指1955—1976年的芝加哥市长理查德·约瑟夫·戴利。他是20世纪中叶全美最负盛名的政治人物，先后六次当选芝加哥市长，也是美国历史上最长寿的政治家之一。——译者注

WHEN TO ROB A BANK

第十章

性事宜多谈，我们可是经济学家

我们当然在博客里写过性，但奇怪的是，只写过他人的性：我们的 8 000 篇博客帖子里，没有一篇提到过我们的亲身性经验。话虽如此，关于卖淫、性传播疾病和网恋，我们却有几点要说。

重大新闻：足球迷并不如人们从前以为的那样好色

都伯纳

几年前，德国实现了卖淫合法化。不难推测，这是为了稍微改善一下德国作为东道主的友好程度，欢迎世界杯球迷。全美各地的妓院招募人手，整装待备迎接世界杯旺季——但这显然根本没有发生。很可能很多球迷已经觉得自己被裁判搞了，晚上也就没有心情出去花钱被人搞了。

惊世骇俗的提议：该收性交税了？

都伯纳

据观察，民主党对税收总体持支持态度，而共和党对不必要性活动总体持反对态度。由此可得：

性活动的非计划代价之高令人难以接受，尤其是在政治舞台上（参见克林顿先生、福利先生[①]、克雷格先生[②]和爱德华兹先生[③]，这些只是可用例子的冰山一角）。由此可得：

对性的追求在政坛以外也会造成极其高昂的代价，包括丧失生产力、意外怀孕、性传播疾病和妻离子散（以及毁掉其他固定伴侣关系）。由此可得：

如今的联邦政府一如既往，仍然需要更多资金。

据此提出，应向美利坚合众国的公民新征收一项“性交税”。

需澄清，上述税收的目的不是制止性活动本身，而是反映出某些无用性活动造成的损失。这些性活动，尤其是公之于众后，往往会将宝贵的资源从更有价值的话题上转移开来。为此：

已婚夫妇进行法律许可的婚内性行为会获得众多赞赏。反之，须支付最高税率的行为是婚前、婚外及异常或不良性行为，且同性之间的性行为，或两人以上参与的性行为，或在飞机、海滩等“非传统”环境中的性行为，均须缴纳较高但尚未确定的税率。

---

① 马克·福利，曾为共和党国会议员，于2006年被爆向担任过国会实习生的青少年发送求欢邮件和含有性暗示的短信。正式调查因证据不足而撤诉，但福利本人却迫于压力辞职。——译者注

② 拉里·克雷格，美国前参议员，2007年因在明尼苏达州机场卫生间行为不端而被捕。——译者注

③ 约翰·爱德华兹，美国前参议员，于2008年承认自己与竞选宣传片导演有婚外恋，并育有一名私生女。——译者注

此外还需确定非直接性行为的等级。应允许国税局全权负责征收以上税项。

此外：

上述税项的缴纳虽是自愿的，但其自愿程度不超过其他税务相关活动的税款缴纳或享受的退税政策，如慈善捐款、商业相关的减税及提供商品和服务所获得的现金，因此应鼓励适当的遵守率。

此外：

纳税人会留下性行为的书面记录，这或许会在无数种将来的情形中显示出优势，包括但不限于：就业、求偶及从政；对审计员来说，常规国税局审计工作的趣味性会大幅增加，而工作趣味性是吸引并留住合格国税局员工尤其需要的一项诱因。

应当承认，为以上税项冠以可接受的名目在政治上或许并不容易，正如“遗产税”和“死亡税”其实是同一种税项，只不过敌对党派用了不同的名目而已；可考虑的候选名称包括：组建家庭税、逾矩性交与次要性行为税、性交税。

此外：

这并非第一次建议在美国征收此类税项。1971 年，来自罗得岛州普罗维登斯市的民主党议员伯纳德 · 格拉德斯通提出在其所在州实行这样的措施。他称之为“唯一一种很可能会有人多缴的税款”，但遗憾的是，这项措施立即因“品位低俗”而被驳回。简单来说，我们并不赞同这种立场。

类似的税项在乔纳森 · 斯威夫特的作品里有历史上（或虚构）

的先例。他在《格列佛游记》中指出，在一个名叫飞岛国的地方，“缴税最多的是最受异性青睐的男人，以及根据得宠次数和性质评估出的最受欢迎男人；为此，他们可以充当自己的担保人”。

尚不清楚为何斯威夫特和格拉德斯通都建议只向男性征收该项税款，但鉴于近期及较早的新闻事件，他们这样做想必无可非议。

性事宜多谈，我们可是经济学家

都伯纳

史蒂芬 · 兰兹伯格并非以观点温和闻名，作为罗切斯特大学的经济学教授和高产的作家，兰兹伯格经常提出很有争议的理论：如女性难堪压力或吝啬也是一种慷慨。他是《买房还是买股票：你不可不知的经济学常识》和《为什么不向美丽征税》两部著作的作者。从某些方面来讲，这是《魔鬼经济学 1》的直系鼻祖。他的最新作品名为《性越多越安全：经济学的反传统智慧》。我们就这一标题中的概念向他请教：

问：你书中许多故事所依据的观念是人们应该牺牲个人福利，成全大局。例如，没有性传播疾病的男性应该与健康无疾病的女性伴侣多发生性关系。在我们的社会，这种观念有可能付诸实施吗？

答：当然。我们一直在实践这样的观念。我们认为污染工厂的老板应该放弃部分个人福利（即利润），成全大局，而我们劝他们这样做的途径是（聪明的话）可交易的排放许可证或（愚蠢的话）复杂的法规。我们认为职业窃贼应该放弃部分个人福利（即偷窃行为），成全大局，而我们劝他们这样做的途径是入狱服刑的可能性。

我们的个人福利几乎总是与大局相冲突。球场上出现精彩片段时，所有人都会站起来，以获得更好的视野，但也因此导致谁也看不到。在派对上，所有人都会大声讲话，以盖过其他人的声音，但也因此导致所有人回家之后都会嗓子疼。一个明显的例外是竞争市场买卖双方之间的互动。在竞争性市场——由于相当微妙的原因——价格体系完美地协调了一己私利和公共利益。这是不可思议的例外现象，但也仅仅是例外，在多数其他领域，人们的诱因尚待改善。

《性越多越安全》的一个主题是，某些私利与公益相割裂的现象出人意料、有悖常理。滥交是其中一个例子。如果你是无所顾忌、随意滥交、感染艾滋病病毒概率很高的人，你每次身染其中，都会污染伴侣资源库——和任何其他污染者一样，你应该受到阻止。但另一方面，如果你是小心谨慎、感染概率很低——且将自身已有疾病感染给他人的倾向也很低——的人，那你每次身染其中，都会改善伴侣资源库的质量。这与污染恰好相反，应该受到鼓励，理由与污染应予以阻止的理由如出一辙。

我是高级应召女郎，我知无不答

在《魔鬼经济学 2》中，我们介绍了一位高级应召女郎。其创业才能和经济学知识让她取得了经济上的成功。我们称她为安莉，但这既不是她的真名，也不是职业化名。该书出版后，安莉引来了众多关注，所以同意在博客上回答读者问题。问题转述如下，其后为安莉的回答。

问：你能否回答我们下列问题：你是如何成为应召女郎的，你的家人如何看待你的职业，或对此有何了解？

答：我的父母并不了解我的工作或有关我性生活的其他任何事情。决定辞职做应召女郎时，我本是一名程序员。当时，我单身，通过一家很火的约会网站和别人约会。事实证明，寻找“特别”的人很难，但我确实约过不少好男人。我从小在小城镇长大，涉世未深，性格叛逆，我约会过不少很另类的人，此时，我二十多岁，精神旺盛，有一天，我决定在某个网上即时通讯工具的简介里将自己的职业录入为“应召女郎”。几秒钟内，我便收到了许多回复。和几个人聊了大约一周后，我去酒店见一名牙医。此后，我每月约会一次，用这笔钱还车贷，还能有一点剩余。最终，我选择做专职应召女郎。我放弃程序员工作的原因是时间自由。我当时在照顾一名患重病的亲人——时间自由和挣钱多是一大优势。

问：对于你所从事的工作，你有任何道德顾虑吗？

答：我对为了钱发生性关系这点并无道德顾虑，只要安全且双方是自愿的成年人即可。然而，我一直担心社会和法律争议可能会影响我的未来和我所爱之人。

问：你的客户是什么类型的？

答：我的客户一般为已婚的白人职业男性，年龄在 40 至 55 岁之间，年收入在10万美元以上。他们多为医生、律师和商人，想在中午时分寻求几个小时的解脱。

问：你有多少客户是已婚男性？

答：我的客户几乎都是已婚人士，要我说，肯定在90%以上。我并非有意要为这个行当开脱，但这些人只是想有人陪伴。他们通常并非（有心而）无力发生婚外情的人，而是想进行这种约会却不愿横生枝节。他们想维护家庭生活不受影响。

问：客户的妻子们对他们来见你这件事有何了解或看法？

答：我很少有机会了解他们的妻子是否认可这种行为，但我确实见过几对夫妻，所以我想她们是认可的。

问：你知道客户的真实姓名吗？

答：知道，一直知道。我坚持让他们告诉我全名和工作地点，以便我能在见面前去那里联系他们。我也会在见面前核实他们的身份，我也会聘用“皮条”公司，这些公司会帮助应召女郎核实客户身份。这些公司核实过客户身份后，会将其个人信息录入数据库。这样一来，这名客户想见某个姑娘时，他就不用重复接受身份核实了。缴费之后，我可以呼叫这些公司，它们会告诉我客户是否与姑娘们产生过纠纷、他的工作地点以及他的全名。

问：你的开支成本是多少？

答：每月300至500美元的基本在线广告费，每年100美元的网站费用，每月100美元的花费，每年1 500美元的摄影费。

如果我要出勤，则会产生旅费、住宿费和其他广告费等额外支出。

问：对于你所选择的职业，你有什么遗憾吗？

答：选择成为一名应召女郎肯定要付出广告费、摄影费和网站费用以外的代价。我相信，在工作期间培养健康的关系几乎绝无可能。所以，这或许是一种孤独的生活方式。此外，事实证明，由于多种原因，向亲朋好友隐瞒自己的职业非常困难。

问：你认为如果这个职业合法化，将会产生何种变化？你希望自己的孩子入这行吗？

答：如果没有社会和法律上的后顾之忧，我认为做应召女郎或许和做理疗师差不多（我从来没有做过理疗师，所以我的认识显然是有限的）。和多数应召女郎一样，理疗师按钟点收费。理疗师也必须在不认识来者何人的情况下，与别人初次见面。许多理疗师有自己的办公室，独自工作。此外，治疗通常是私密的，且需要慎重行事。我猜想，许多时候，理疗师对病人也分好恶。和几乎所有其他职业类似，客户如果感到理疗师喜欢他们，理疗师的收入很可能会增加。我无意暗示我有科班理疗师的技术，也无意以任何方式贬低理疗师的工作，我只是观察到了一些显而易见的相似之处。如果我有孩子，我希望他们有自由选择的权利，希望他们能自由决定自己的性取向。不过，这份工作确实有其弊端，可能会让人付出惨痛代价。比如，这令我生活的很多方面及爱情生活变得愈加困难。所以，和所有父母一样，我永远希望我的孩子能比我过得更好。

问：那么你怎么看卖淫这件事？

答：我对这个问题有自己的看法。如果两个人共进晚餐、共饮美酒，然后做爱，这便是约会。如果他们共进晚餐、共饮美酒，然后做爱，并在梳妆台上放一叠钱，这便是违法行为。我了解到，有些从事卖淫的女性之所以入这一行是因为迫不得已。这些女性在这一行当内所从事的工作范围与我不同。许多人有吸毒或被虐以及其他问题。我认为，我们应该将有限资源用于确保这些女性可以有其他机会，有可以求助的机构。不想卖淫的女性不应被迫沦落于此，她们理应获得所需的帮助。我觉得谁也不应为了谋生而被迫从事有违自己道德判断的职业。

问：如果有一天合法化将会对你的生意产生何种影响？

答：我相信我会因此降低收费。我相信从事这一职业的人会增加，也相信会有更多男性参与到这一行当来。话虽如此，但合法化不会除掉所有的入行障碍。对应召女和客户双方来说，这个职业仍然名声很臭。在加拿大等国家，“扫黄”执法力度比较宽松，虽然收费较低，但情况也是大同小异。因此，男人仍会担心被妻子捉奸，我也不想将自己的职业名称透露给家人。

问：都伯纳和列维特写过，你学过经济学。这是否令你形成了自己对这一职业的思考方式？

答：当然，以下是几个例子：

与朋友吃饭=机会成本

完全信息[①]=评论网站

① 完全信息，经济领域和博弈论中的术语，用以描述所有参与者都能够了解其他市场参与者一切信息的经济现象或博弈现象。——译者注

交易成本=预约会面

重复博弈=信誉

产品差异=非金发

说实在的，我希望自己当初就掌握了现在的知识。

更新：后来安莉考取了房地产的相关执照，她希望自己能够从事一份长久的职业。

魔鬼经济学广播见成效了

都伯纳

主持的播客大受欢迎自然令人欣慰，但主持的播客能对世界产生实际影响，这就是另一回事了。各位是否能猜到我们最近的哪期播客改变了世界？或许是探讨法律何以会允许司机撞死行人的那期？名为《用实际证据消除贫困》的那期？或者是探讨我们在美国买鳄梨何以会为墨西哥犯罪集团提供资金的那期？

都不是。

以下是辛辛那提听众曼迪 · 格泽拉克发来的电子邮件：

真人真事：在收听你们2月6日的播客《你对网恋有何了解》时，我暗自想道：“我应该试一试网恋！”毕竟，如果国家公共电台的员工也上OKCupid（约会网站）这样的网站，我或许有机会约到一个！这得有多了不起？！

长话短说：当天下午我在网站上注册了，先是发了几封邮件，后来在2月10日经历了第一次约会（网上联系的第一次，不是毕生第一次）。从此以后，我和蒂姆形影不离，为彼此带来了无尽的幸福。昨晚，他求婚了，我当然答应了。我们计划在今年8月私奔去纽约，逃避盛大而做作的婚礼。但欢迎你们和你们的家人加入我们。

一切都要感谢你们！！！

我们现在可以瞑目了。我们或许永远无法影响重大的社会或政策议题，但只要曼迪和蒂姆仍然不离不弃，我们便可从中感到些许欣慰。

WHEN TO ROB A BANK

第十一章

万花筒

前十章是按主题编辑的，这部博客文集因此不同于博客本身——因为博客本身毫无结构可言。我们中有一人某一天决定写点什么，然后——点击一下！——文章就发布了。一篇帖子与前后的帖子均无关联。这往往令博客读起来有了万花筒般的特色——我们想在本章重现这种特色，本章无明显主题。说得不客气点（或者说得挑剔点），我们不过是发现书写到末尾，却剩下了一批并不相关的帖子——一堆杂七杂八的文章——于是决定将这些文章强行塞到一章里，这章可以尊称为“杂记”。这倒也不假。

肯德基排队有感

列维特

我从小便喜欢吃肯德基的鸡肉。我父母生活节俭，所以在我小时候，吃肯德基是很奢侈的事。每年大概有两次，在我的央求下，或许还要加上电视广告适时地煽动，我父母才愿意合家去吃肯德基。

我吃肯德基这么久以来，服务一直很差。

昨天就是个很好的例子。我和女儿阿曼达一起去，从我们进店那一刻到我们拿到食物离开，一共花了26分钟。餐厅内排队很慢，所以我们最后放弃了排队，去了得来速窗口。我们总算拿到了食物，但没有餐巾、吸管，也没有塑料餐具。这仍要好过我有一次去肯德基却得知鸡肉卖完了。

关于肯德基的恶劣服务，讽刺之处在于，在公司层面上，它们似乎是致力于提供优质服务的。昨天，柜台后的人胸牌上写着他是“为客疯狂之星”，诸如此类。这是肯德基“为客疯狂”策略的一部分。几年前，我依稀记得它们将重心放在了全面质量改进上。还有一次，我记得它们在墙上张贴了一张单子，列出了所有员工都应该为之努力的十条客户至上服务箴言。

那么为何肯德基的服务仍然如此恶劣？我对原因做出了两个相互一致的假设：

1. 肯德基的员工人数不足。下次去麦当劳的时候，数一数有多少员工。其值勤员工之多总是令我震惊，在生意繁忙的麦当劳一次看到15~20名员工并不算稀罕之事。肯德基的员工人数似乎要少得多。我认为昨天我去的时候，只有四五名员工。

2. 肯德基的顾客比其他快餐店的顾客穷，而穷人不愿意花钱享受优质服务。在我看来，毫无疑问，在穷人经常光顾的地方，服务普遍很差。这是否因为穷人对服务不那么在意，我并不确定。我倒是知道，在我访问斯坦福的整整一年内，我几乎从未见过服务恶劣的现象，我一直认为这要归功于该地区富人居多这一点。

《每日秀》[1]访后感

列维特

好吧，我捱过了上《每日秀》的经历。对这次经历随意做几点思考：

① 《每日秀》，纽约喜剧中心于1996年开播的深夜政治讽刺节目，乔恩 · 斯图尔特为节目主持人。——译者注

首先，乔恩·斯图尔特自然看起来是个了不起的家伙，不论镜头前后，他一直很机智、务实、风趣。或许他有朝一日应该参加总统竞选，我会投票给他。他唯一的问题是个子不够高，美国人喜欢高个儿总统。

其次，坐在演播室里，无论你多么费尽心思地去尝试，也无法设想有 200 万人在观看你的所作所为（实际上，就我而言，是 2 000 002 人，因为我的父母平常不看，但昨晚看了）。如果是我这种天生反社会、害怕人多的人，这倒是不错。在华盛顿国家广场绵延不尽的 200 万现场观众面前接受采访一定会更加紧张。

再次，电视——或许除《查理·罗斯访谈录》之外——对于宣传图书来说是非常拙劣的媒介。我的采访时间很长——6 分多钟——但斯图尔特一直问我无法真正回答的刁钻问题（尤其是，他想让我解释回归分析法，但要在 15 秒钟内解释完）。《魔鬼经济学》的一个要点是，我们尝试向读者说明我们得到答案的过程，而不仅仅是凭空断言我们是对的。在电视上，根本没有时间遵循此道。

最后，我面对的观众迫不及待地对你所说的任何话语报以大笑或回应，这自然不错。（例如，不知为什么，我提到强效可卡因的时候，观众哄堂大笑。）但愿上午 9 点听我讲课的本科生也能有如此热烈的反响。当然，如果我所讲课程的娱乐性能有《每日秀》的 1/10，我敢说我的学生也会有相当热烈的反响。

牙医的智慧

都伯纳

我很喜欢我的牙医赖斯医生。他年近古稀，或许甚至已经年逾古稀。说他熟悉口腔知识都算是谦辞了，但这并非我喜欢他的唯一原因。最近，他告诉我他解决了一个特殊的问题。因为他年事已高，很多病人问他是否快退休了，他不喜欢这个问题。他这个人每周打两次网球，博览群书，满怀热情地时时关注纽约的文化和政治动向。因此，他没有一个接一个地劝阻别人别再问退不退休这种惹人厌烦的问题，而是发现了一种成本相对较低的方式，向关心的人表明意图：他为办公室购买了新家具和新设备。突然之间，再也没有人问了。

尽管总是很害怕坐在牙医的椅子上，我却总能学有所获。昨天也不例外，我向赖斯医生请教蛀牙的病因——遗传还是饮食，等等——他却开始解释为何牙膏是一种名不副实的产品。赖斯医生告诉我，但凡说牙膏有预防蛀牙、美白牙齿等功效的说法都是一派胡言，因为美国食品药品管理局并不允许将取得这种微小功效所需的成分用在儿童可以轻易获得的非处方产品中。（因此，他向我推荐一款类似果绿定的抗菌产品，这种产品虽然尝起来有浓重的异味，却显然能有效杀死引起蛀牙的细菌。）

昨天我了解到的另一件事要耐人寻味得多，也意义深远得多。他告诉我，总体而言，即便是在有钱的病人中间，蛀牙问题也日趋严重，尤其是中老年人群。原因呢？对心脏病、高胆固醇、抑郁症等疾病的药物依赖性越来越高。赖斯医生解释称，这些药物多会造成口干，而这是由唾液流受限引起的。由于唾液可以杀死口腔细菌，唾液不足则会导致细菌增加，进而造成蛀牙增多。若要在服用这些药物与避免蛀牙之间进行选择，我相信多数人还是会选择服药——但我想多数人不会想到这二者之间会有关联。

不幸的是，我今天还得去看赖斯医生。至少我很可能会增长一点见识。

这么多狗屁是怎么回事?

列维特

去年，哲学教授哈里·法兰克福所著的《论狗屁》一书成为书市黑马，甚至有一周的时间登上了《纽约时报》畅销书排行榜的榜首。对于我在普林斯顿大学出版社的朋友来说，这是一次不可思议的商业成功。

该书的成功显然启发了其他的作者。

高尔夫运动员约翰·戴利本周出版了一部自传，名为《出入长草区的生活：你以为你所知道的有关我的所有狗屁背后的真相》。该书由哈珀柯林斯出版社出版，即出版《魔鬼经济学1》的同一批人。我的姐姐琳达·金斯最初设想出书名“魔鬼经济学”时，他们对这个书名唯恐避之不及。我想现在他们的尺度已经放宽了一点。

然后是斯坦利·宾的《100个狗屁工作……以及如何得到它们》。

该书也于本周出版。猜猜出版社是哪家？哈珀柯林斯！

然后还有两周前出版的《狗屁词典》。至少这本书不是哈珀柯林斯出版的。切勿将《狗屁词典》与《企业狗屁词典》混淆，后者出版于2月份。

然后还有《狗屁艺术家：“9 · 11”的领导力迷思》，平装本于3月份出版；《子弹、徽章与狗屁》也于3月份出版；《恶市的另一个狗屁夜晚》于去年9月份出版。

狗屁说够了吗？显然没有。

本月晚些时候即将出版《狗屁行业》（并非《行业狗屁词典》，不过弄混了也情有可原）以及《您的呼唤对我们至关重要：关于狗屁的真相》。

至少可以喘息几个月才会见到预计于明年9月份出版的《你好，经纪人撒谎了：以及你作为好莱坞电视编剧所听到的其他狗屁》。

我只能说，这到底是怎么了？

如果奥巴马的从政才能可以匹敌其文采，他很快会当选总统

列维特

这篇帖子发表于2006年11月25日。大约5个月后，奥巴马宣布参加总统大选。我们历来所做的预测言中的不多，这便是其中之一。

这并非一篇政治博客。我对政治毫无兴趣，但我一直在读的一本

好书恰好是政客写的。

我初次听说巴拉克·奥巴马是在选举年看到他的名字突然出现在人们在前院张贴的政治标语上。我对他一无所知，只知道他进过芝加哥大学法学院，在竞选美国参议院席位，但希望不大。我认为在当时，他在我家乡得到的拥护恐怕是他在整个州所能得到的仅有的支持了。我所住的城市奥克帕克的左翼倾向时常会达到荒谬的程度。例如，进入该市时，你会看到一条标语告诉你，你即将进入无核区。我认为要想赢得奥克帕克的民心，仅仅有个像“巴拉克·奥巴马”一样响亮的名字是不够的。

《芝加哥论坛报》进行的民意调查恰巧抽查到我的时候，我对参议院竞选并不关心。他们问我在即将到来的参议院选举中，我会投票给谁？仅仅是出于同情和对芝加哥大学的忠诚，我说我会投给奥巴马。这样一来，民调结果出来后，他会得到一小部分选民的支持，不至于太过失意。几天后，看到报纸头版的民调结果，我大吃一惊：奥巴马在民主党初选中领先！（这当然远早于他受命在民主党全美代表大会发表主题演说之时。）

由于我对政治兴趣寥寥，我不太关注参议院竞选（最终结果是，奥巴马取得了压倒性胜利，击败的——不是别人——正是艾伦·凯斯[①]）。我确实看过他的两次演说：民主党代表大会的演说和获胜当晚的受命演说。这两次，我都感觉到他仿佛是施法控制了我。他开口

---

① 艾伦·凯斯，美国保守派政治活动家、作家、前外交官。——译者注

的时候，我心甘情愿相信他。我不记得有别的政客对我产生过这种影响。一位朋友认识奥巴马，也认识鲍比 · 肯尼迪[①]，他说遇到奥巴马之前，他从未见过这么像肯尼迪的人。

无论如何，这一切不过是我捡起他的书《无畏的希望》并惊艳于其文采的漫长序曲。他的故事时而令我开怀大笑，时而令我泪如泉涌。我发现自己不断地在书中画线，以便将来能迅速找到其中的精彩段落。根据认识他的熟人，我也几乎可以确定整本书都是他自己写的。如果今年圣诞节你不打算买《魔鬼经济学》送礼，那这本书也是不错的送礼选择。

我想，我本不应如此惊讶于其文采，因为两年前，我读过他的处女作《我父亲的梦想》，并且也为之折服。但这本处女作写于他产生政治抱负的15~20年前，与其不同，我以为这本新书会是烂书，很少有书能像这样出乎我的意料。此外，我也应该强调，并非他所有的政治主张我都赞同，但这丝毫不影响我喜欢读这本书。

假如他能像影响我一样影响他人，站在你们面前的就是未来的总统。

---

① 鲍比 · 肯尼迪，即罗伯特 · 肯尼迪，第35任美国总统约翰 · 肯尼迪的弟弟。他在约翰 · 肯尼迪总统任内担任美国司法部长，在和平解决古巴导弹危机和促进民权方面发挥了极大的作用。1968年，他代表民主党参加总统选举，有极高的威望，但突然遇刺身亡，导致共和党的理查德 · 尼克松最终当选。——译者注

医学与数据不可混谈

列维特

最近，我的几位朋友想借助生育疗法怀孕。付出高额费用后，更不用说由此造成的痛苦与不便，6 颗卵子在取出之后进行了受精。这六个胚胎随后接受了胚胎着床前基因诊断（PGD），这个过程花费 5 000 美元。

PGD 检测出的结果糟糕之极，4 个胚胎被确定为完全无法存活，另两个胚胎缺少关键基因序列，这表明着床会导致自发性流产或胎儿有严重的先天缺陷。

这一悲惨结果仅剩的一线希望是，后一种检测有 10% 的假阳性率，意即两个胚胎中有一个可以存活的可能性尚有 10%。

所以实验室再次进行了检测。这次得出的结果仍然是关键基因序列缺失。实验室告诉我的朋友，两次未通过检测表明两个胚胎有一个可以存活的概率仅为 10%。

我的朋友——要么是因为他们是乐天派、人傻，要么或许是因为他们对数据的了解要远胜于负责检测的人——仍然决定继续进行，又花了不少钱，将这些几乎肯定毫无用处的胚胎着床。

8 个月后，我很高兴地宣布，他们产下了一对漂亮、完全健康的双胞胎。

据实验室称，发生这种事的概率是万分之一。

那这是怎么回事呢？是天降奇迹吗？我看非也。虽然对检测一无所知，但我猜在对同一胚胎重复检测两次的情况下，检测结果肯定呈正相关，而同一批的胚胎想必情况也是如此。

但医生按照不相关的情况对检测结果进行了解读，导致他们太过悲观。正确的概率可能最高为十分之一，或约为三十分之一。（或者整个检测都是无稽之谈，概率其实是 90%！）

无论如何，作为最新发生的例子，这再次说明了我为何从不相信医学领域的人所提供的数据。

我最喜欢的一则故事与我的儿子尼古拉斯有关。

在怀孕初期，我们做了超声波检测。检测医师说虽然时候尚早，但他认为他可以预测胎儿是男是女，看我们想不想知道了。我们说，“想，我们当然想知道。”他告诉我们他认为胎儿是男孩，但并不确定。

“你有多少把握？”我问道。

“大概一半一半吧。”他回答道。

如果你喜欢恶作剧……

都伯纳

……那你不得不承认这个恶作剧相当巧妙：将一份伪造的研究材料发给一位你讨厌的传记作家。在本例中，传记作家是A.N.威尔逊。他当时在写一部有关诗人约翰 · 贝杰曼的著作。威尔逊用了这封伪造的信件，后来才发现信是伪造的，但为时已晚——而且信中每句话取首字母，顺序排列，可拼出以下这句有趣的信息："A.N.威尔逊是屎。"

这令我想起了我在新闻业的第一份工作——在《纽约》杂志社做助理编辑。每周有一两次，我的职责是加班审阅截稿前的版面校样，以确保编审、文字编辑或制作编辑没有漏掉任何错误。最重要的事情是确保"首字下沉"（即杂志文章每节段首的大号大写字母）没有意外拼出有冒犯意味的词语。某日晚上，在校对一篇有关乳腺癌的文章时，我发现前四个首字下沉为T、I、T和S①，我们改掉了。

从优秀到卓越……到不及格

列维特

我几乎再也没有读过商业书。多年前，在返校读博之前做管理顾问的日子里，我读得够多了。

然而，上周，我捡起了吉姆·柯林斯的《从优秀到卓越》。该书是出版界的一大奇迹，自2001年出版以来，该书已经达到了数百万册的销量，至今仍有每年30万本的销量。该书大获成功，以至于7年后，精装本仍在流通。多年来，我一直对这本书有所耳闻，但从来没有读过。总是有人向我问起，我想我应该看一看了。

该书重点讲述11家原本中规中矩、后经变革达到卓越的企业——此处对卓越的定义是，在一段持续的时期内，股票大幅领先于

① Tits意为乳头。——译者注

大盘及其竞争对手。这些企业不仅完成了从优秀到卓越的转变，也具备能使之“基业长青”（柯林斯此前一部著作的书名）的特质。

讽刺的是，在我开始读这本书的同一天，11家“从优秀到卓越”的企业之一——房利美——登上了商业版的头条。房利美似乎需要由联邦政府出资救济了，如果你在《从优秀到卓越》出版前后购买了房利美的股票，你的初始投资已经缩水80%以上。

另一家“从优秀到卓越”的企业是电路城公司。投资电路城公司也会赔得倾家荡产，其股价已经下跌了80%或80%以上。

11家企业中有9家多少可以算是毫发无伤。其中，纽柯钢铁公司是唯一一家自该书出版以来大幅领先于大盘的企业。雅培公司和富国银行业绩尚可。总的来说，由“从优秀到卓越”的企业组成的投资组合似乎表现不如标准普尔500指数。

我依稀记得有人对彼得斯和沃特曼的经典著作《追求卓越》所重点介绍的企业做过分析，也发现了同样的现象。

这一切有何启示？从某种意义上说，启示不多。

这些商业书籍多为事后诸葛：何为企业的成功之道？未来向来叵测，而了解过去至关重要。另一方面，这些商业书籍所隐含的信息是，这些企业所遵循的原则不仅在过往助其取得成功，也令其处于长盛不衰的地位。

如果这最终并未成真，这些书籍的基本前提便令人生疑了，不是吗？

这篇帖子发表于2008年。截至本文撰写之时，房利美的交易价格从 2001 年每股近 80 美元下跌至每股仅略高于 2 美元，电路城已经破产。其他“从优秀到卓越”的企业自 2008 年以来的表现可谓喜忧参半。有的大幅上涨（克罗格公司和金佰利公司），有的则严重下跌（必能宝公司和纽柯公司），而 11 家企业中有两家——吉列公司和沃尔格林公司——（分别与宝洁公司和博姿公司）进行了企业合并，并大获成功。

放上帝一马

列维特

不久前，我在博客中写过，每三本书中就有一本的书名中含有狗屎这个字眼。所幸，这股潮流平息了。在去年出版的书中，我只能在亚马逊上找到两本书名带有狗屎字眼的书。

现在，似乎对上帝穷追猛打才是大势所趋。丹尼尔·丹尼特用《打破魔咒》一书掀起了这股潮流，理查德·道金斯紧随其后出版了畅销书《上帝的幻觉》。然后，是维克托·斯滕格的《上帝，失败的假说》和克里斯托弗·希钦斯的《上帝并不伟大》。

接下来呢？约翰·艾伦·保罗斯（《数盲》的作者）的《反宗教》。我喜欢的一点是，该书的出版日期是 12 月 26 日。还有更合适的日期吗？

我不信教。我对上帝不做太多思考，除非我手头紧、需要特别开恩。并无特殊理由让我以为他会显灵，但我有时仍然会试一试。除此之外，我对上帝并无太大兴趣。

我的兴趣肯定不会浓厚到让我出门去买书，了解为何我不应该信仰上帝，即便作者是丹尼特和道金斯这种令我十分倾慕的人。假如我信教，我认为我更有可能特意绕路避开告诉我信仰有错的书。

那么是谁让这些反上帝的书成了畅销书？对上帝嗤之以鼻的人是否对向他们重申原因的书有着永不满足的需求？是否仍有许多人尚未对此下定决心，愿意接受劝导？

让我换个说法来解释这个观点：我理解为何抨击自由派的书会大卖。这是因为许多保守派憎恨自由派，抨击保守派的书会大卖也是出于同样的原因。但没有人会著书立说称观鸟是浪费时间，因为非观鸟者很可能赞同这点，但并不愿意花20美元去读这种书。由于对上帝恨之入骨的人很少（至少在我生活的群体中如此），我很惊讶反上帝的书居然没有像反观鸟者书那样令人昏昏欲睡。

我为何喜欢写经济学家

都伯纳

多年来，我有机会写很多有趣的人。关于宗教信仰，我母亲有个非同寻常（且久未讲述）的故事可以讲述。我采访过大学炸弹客泰德·卡辛斯基、橄榄球大联盟的一年级新秀、只偷纯银制品的奇特飞贼。

但近来，我一直在写经济学家——同经济学家史蒂夫·列维特合作则带来了最丰硕的成果。这是一种全新的体验，原因如下。

像我这样的非小说类作家，接受过新闻学和文学的培训，受制于所写对象所透露的内容。没错，关于一个对象，我可以获得很大的写作自由——例如，如果泰德·卡辛斯基不愿意讨论对自己的审判，有很多其他人会开口——但我严重受制于人们愿意向我透露的内容和透露的方式。

显而易见的一点是，多数人一旦要被写到纸上，就会努力表现出好的一面。他们讲述体现自己善良、高尚或无私品格的故事，有的人比较聪明，则会以自谦来体现自己的杰出。这让作家处于难堪的位置——要依靠真假难辨，或许并不完整、有意歪曲事实的传闻。

这就是经济学家的不同之处。他们不会用传闻来添油加醋，而是用数据来判断真伪，至少目标如此。有的真相听起来逆耳。我写过经济学家罗兰·弗赖尔后，他因低估种族主义对美国黑人造成的伤害而遭到了黑人学者同仁的抨击。史蒂夫·列维特与约翰·多诺霍合作研究了“罗诉韦德案”与暴力犯罪率下降之间的关联，引起了持各种政见之人的反感。

但对我这样一名作家来说，这种思维方式是天赐之福——这种世界观的前瞻性和公正性都胜于新闻学典型的视角。

列维特常说，道德代表着人类所青睐的世界运转方式，经济学则代表着其实际的运转方式。我智力有限，无法成为列维特和弗赖尔这样的经济学家，但我有幸找到了一种渠道，借用他们的头脑满足我的求知欲。用经济学家的术语来说，我和列维特的才能是互补的。和多数经济学术语一样，这个字眼本身很难听，但和许多经济学原理一样，这种概念很伟大。

当女儿消殒

迈克尔 · 列维特

史蒂夫 · 列维特写道：

我的姐姐琳达于今夏过世。论爱女之深，无人可以敌得过我父亲迈克尔对琳达的感情。对于现代医疗对治愈其身患癌症的爱女所能起到的作用，我父亲身为医生，从一开始便保持着很现实的态度。即便期望值很低，他仍然震惊于她在医疗系统内的就诊过程最终竟然毫无作用——实际上还适得其反。以下，是我父亲对我姐姐的就诊经历亲笔写下的辛酸叙述。

“爸爸，我要告诉你一些不中听的消息。核磁共振显示我有两个脑瘤。”这句晴天霹雳是原本健健康康的50岁女儿发给我（一个上了年纪的执业肠胃科医生）的电话留言。由于连续一周走路不稳，她刚刚接受了脑部核磁共振检查。我这个人杞人忧天、态度悲观，担心核磁共振可能会查出多种硬化症。即便胡思乱想如我，转移性脑肿瘤也超出了我的意料。当天是2012年8月9日。

出于不明原因，我的女儿由救护车转至一家本地的公立医院。在一个小时内，核磁共振的检查结果已经将我的女儿升级为需要救护车的病例，将我变成了一个惶恐不安、忧心忡忡的父亲。全身性的CT（电子计算机断层扫描）检查显示颈部、肺部和肾上腺都出现了多余的肿瘤，肝脏也可能受到波及。我们联系了当地的一名肿瘤科医师，颈部肿块接受了活组织检查，我的女儿获准出院等待活检结果。四天后，活检结果显示有非小细胞肺癌。我们得知，在无吸烟史的年轻女性身上，这种肿瘤有时是优异基因型，因而易于由化疗治愈。网上搜索显示，优异基因型很罕见，也“易于治愈”——肿瘤科所用的相对概念之一。

一句希腊谚语劝诫称：“人不至死，不得安乐。”我以为永远不会发生的一种灾难现在看来可能要成真了——白发人送黑发人。我很难过，妻子质疑我们将来究竟是否还能再快乐起来。

我的女儿需要对脑瘤进行局部治疗，接受全身化疗。她和丈夫选择在一家偏远的转诊中心接受护理，她立即在转诊中心看了一名神经肿瘤科医生，而正电子断层扫描证实了肿瘤已扩散开来。第二天，对两个主要的脑瘤进行了伽马刀手术治疗，一个位于小脑，一个位于前额叶。首次发现脑损伤的9天后，她表面上看起来和平常一样健康（地塞米松减轻了步态不稳的症状），离开了转诊中心。我暂时又开始吃得下饭，睡得着觉了。我的女儿等着去转诊中心复诊，和肺部肿瘤科医生商量化疗的事。虽然我每天都和她发短信或通话，对于5天后看到的情形，我仍然毫无准备。现在，她露出了病容。她声音沙哑，稍微一动便呼吸短促，颈部的肿块似乎已经膨胀了一倍。此时，转诊中心告知我们对肿瘤重新进行染色分析显示，病发于甲状腺，而不是肺部。我们取消了与肺部肿瘤科医生的预约，见了一位内分泌肿瘤科医生。他推荐进行肾上腺活检，以确定转移性肿瘤的分类。不论病发组织为何，显然都有一头基因改变的猛兽在我女儿的体内肆虐。

除了她的两个弟弟妹妹、我的部门主任（以解释我的旷工行为）和一位为我代班做病房主治医师的老朋友之外，我女儿生病的消息，我没有告诉任何人。这种讳莫如深的行为是因为我惧怕公开讨论家人的健康问题，而且我知道我的泪腺会失控。我知道一旦有人向我问起我的女儿，我一定会哭出来。上了年纪的医生不应该泪如泉涌地走在医院大厅里。相反，我了不起的好女儿却是自控的典范，没有落泪，也没有怨言。我怀疑她已经接受了体内肿瘤很可能会带来致命后果这一点，为了取悦自己的丈夫、儿子和父亲，才会忍受所有这些围着她团团转的医疗检查。这是由网上信息造成的结果，还是因为我虽未付诸言表，却也将自己的消极情绪传染给了她？

离开转诊中心时，她看起来还算健康。6天后，她乘轮椅返回，静止不动的时候也呼吸短促，说话只能低声耳语。在室内空气中，她的血氧饱和度达到了90%。由于她没有喘鸣，呼吸问题显然反映出肿瘤已经侵入肺部。在肾上腺活检之后，她的丈夫从术后观察室回来，称她脉搏很快。此前，我一直袖手旁观，但现在要进行干预了。我觉得她的脉搏加快、心率达到145/分左右显然是不正常的。我告诉护士，我怀疑有心房颤动，建议进行心电图检查，并立即中断静脉注射生理盐水。拍摄心电图必须叫来快速反应小组，小组到场后，心电图显示确实有心房颤动，β受体阻滞剂和钙通道阻滞剂减缓了她的心率。用5升氧气瓶吸氧后，她的血氧饱和度此时降至86%。她的肺部功能已经在8个小时的时间内恶化，可怕的肿瘤是否能如此迅速地扩散？对我来说，心率控制的心房颤动只是她病情迅速恶化过程中的一个小问题。对于快速反应小组的年轻成员来说，新发的心房颤动却是病症所在。我想进行肺动脉摄片以排除肺动脉阻塞，并取得足够的氧气瓶，带她回家，但二者均须转诊至急诊室。我知道这次转诊会将我疲惫不堪的女儿拖入更加没完没了的医疗检查旋涡，包括重复检查病例、体检、静脉切开术，等等，但我们默许了。肺动脉摄片显示肺部有巨型肿瘤，没有肺动脉阻塞。内分泌肿瘤科医生在急诊室里为她看了病，耐心地解释称需要确定肾上腺肿瘤的分类，以指导治疗。我的女婿问是否能立即开始治疗，回答是不治疗总好过错误的治疗。她预定于 4 天后返回转诊中心，开始接受化疗。我担心不会再有复诊了。

在回家之前，推荐住院过夜，以便“观察”和休息。50 年的从业经验让我懂得，在教学医院住院并不便于休息。有多少病人想出院休息，我已经数不过来了。然而，我担心她没有辅助供氧，捱不过回家的路。

由于住院期间发生的一切——几名住院医师的病历检查和体检、更多的验血、似乎每隔 30 分钟就有一次的生命体征检查——她很少休息。我努力介入其中——不要超声心动图、不要抗凝疗法、不要心脏咨询、限制生命体征测试，等等。但到上午 8 点，她和她彻夜在病房陪护的丈夫已经精疲力竭。

我的女儿女婿想立即出院，但出院需要主治医师的诊断。大约上午 10 点钟，我截住了主治医师，解释称我女儿有广泛的转移性癌症，所需要的仅仅是立即带家庭输氧出院。我们得到保证说，输氧和出院所需药物会尽快提供。3个小时后，我们还在医院里。在周末设置家庭输氧很难，而药房在按处方抓一种常用药的时候遇到了困难。在他们领到处方一个半小时后，我第三次去医院药房，得知还要30分钟，药才能准备好。我问将30片药装进瓶子里究竟能有多难，辱骂了整个医药界。

下午两点左右，输氧和药物都备齐了。阻碍我们离开的唯一障碍是，我女儿担心自己在回家的路上会大小便失禁。她需要一片失禁尿片。然后我便化身为演员，上演了医院每天一定屡见不鲜的情景。在护士站，我解释了情况。护士说她会拿尿片的，但先得打个电话，电话似乎没完没了（实际上，很可能只有三四分钟）。随后，她开始做文书工作时，我好声好气地提醒她我们需要尿片。她回答：“我要照顾的病人不止你女儿一个人，列维特医生。”当然如此，但我只关心我女儿的福利。我们最终总算离开了医院，无疑当之无愧地留下了这家人很难对付的名声。

回到家后，她的情况继续恶化，而且显然无法经受再次回到转诊中心的路程。他们安排好让当地的肿瘤科医生进行内分泌肿瘤科医生推荐的化疗。我的女儿已经无法开口，我们每天发短信交流。在她接受第一次化疗的前一天（距离第一次核磁共振只过去了18天），我们互发了如下短信。

“如果化疗不起作用，你一定要结束治疗。”

“乐观一点，我会采取必要的行动。”

“这算是答应了吗？”

“是的。”

究竟要怎么做，我尚不清楚，但我打算履行诺言。

第二天早晨，我的女婿告诉我她无法下床，每次进食或喝水都会咳嗽和喘气。此时，这头“猛兽”已经摧毁了她的吞咽机制。显然，化疗对她并无益处，她也无力承受。我和当地的肿瘤科医生谈了谈，后者同意由救护车送入医院，想必会接受舒适护理。然而，救护车司机断定，按照她的情况，必须送入最近一所医院的急诊室（比公立医院近不到 10 分钟的路）。我知道她在本地的急诊室里得不到舒适护理。我和救护车司机商量，强硬地告诉他我想把女儿送到哪里。接下来，我便听到她去了最近一所医院的急诊室。我赶到的时候，她又接受了一系列的检测，CT 血管造影再次显示巨型肿瘤已经侵入肺部，且无肺动脉阻塞。她此时呼吸短促，正在使用双阳压呼吸器，吸 100% 的纯氧。她随后被转诊至公立医院，到达后，我女儿立即问我要东西，我相当吃力地判断出应该是碎冰。我问护士要碎冰，她的回答是，没有医嘱，什么都不能“使用”。我告诉她我就是医生，我想让病人用碎冰。她告诉我我不是入院医生，无法下达医嘱。她无视我的请求，不肯告诉我制冰机在哪里。

她的肿瘤科医生几分钟后到场。胸部断层扫描显示，她肺部的未分类肿瘤已经在不到 3 周的时间内扩张了一倍。与她丈夫商量过这种无可救药的情形后，在一位临终关怀医师的帮助下，我们决定提供舒适护理。她得到了碎冰，摄入了吗啡。约 4 个小时后，她进入安详的昏迷状态，于 8 月 29 日上午 6:30 去世，此时距离初次核磁共振显示她患有脑瘤仅过去了20天。

做这份简要记录的目的不是抨击医疗工作。虽然我同非医师人员有过几次争执，但负责护理我女儿的医师无一例外均善解人意，无私地投入时间。每个人都竭尽所能治疗她来势汹汹的癌症病情。相反，我只是想讲述我作为父亲和医生眼看自己女儿死于癌症的经历。她的就诊经历证明了医疗的局限性。在分子生物学时代，最有价值的药物却是吗啡这种近两百年前就已问世的药物。

虽然心情沉痛，我仍能讲述我女儿患病期间所发生的事件，而我的万念俱灰和丧女之痛却难以言表。

琳达·列维特·金斯（1962—2012年）

列维特

我怀着万分悲痛的心情宣布，我亲爱的姐姐琳达·列维特·金斯在与癌症做过短暂却勇敢的抗争后，已于上个月去世，享年50岁。

我坐下来想悼念琳达，产生的第一个本能却是打电话给她，让她为我代写。几乎在我这一生中，一旦遇到需要斟词酌句的事情，我总是会这样做。

在这方面，最为人所知的一个例子发生在我和都伯纳的一本书写到一半的时候，这本书漫谈各种话题，却无统一主题。出版商、都伯纳和我本人列出了大约15个拙劣的书名，便灵感枯竭了。我把握十足地认为琳达一定知道答案。

不出所料，不消几个小时，她便答复了一个可用的书名："魔鬼经济学。"我很喜欢，都伯纳游移不定，出版商恨之入骨。我们的编辑告诉我们："我们给你们的图书合同太重要，不能取《魔鬼经济学》这种书名！"不过，最后还是《魔鬼经济学》脱颖而出。这也是件好事，若是没有琳达想出的好书名，我怀疑根本不会有人读这本书。这个书名是个奇迹。

《魔鬼经济学》并不是我头一次，也不是最后一次，得益于琳达的才华。

我记忆中的第一次是我七年级、她十二年级的时候。我是你所能想见的最书呆子气、最不善社交的小孩，她决定将我当作一个项目进行实验。和现在一样，当时的我也还算机灵，知道要听她的话。我们变得像挚友一样，她令我焕然一新。她改变了我的服饰。她（和善地）向我解释我的性格多么惹人厌，还帮我塑造了新的性格。她向我介绍了很"酷"的音乐——那年，我用自己的零花钱买下的第一张专辑是U2的《男孩》。被她教导了几年后，我令人刮目相看。此后四五年的时间里，我仍然没有约到过一个人，但我相处起来有意思多了。翻阅旧剪贴簿时，我发现了她那年写给我的一张纸条，这个例子很好地体现了她的思考方式：

亲爱的哼唧小宝宝：

今年已经过了一半了，我看七年级女子里，一个可爱的小样本你都还没有勾搭上。你怎么能抗拒得了她们暗藏的诱惑力？她们就像是罗蕾莱[①]上的塞壬女妖！看到这些令人情迷意乱的少女休息（即上数学课），想着异性的种种美好品德，脸颊上掠过天然的胭红，你难道不会小鹿乱撞吗？好吧，继续努力。

你的姐姐

琳达

在中学时，所有学生都需要背诵一篇小故事或诗歌，在全班面前朗诵。每班选出两名获胜者，“可以”在满满一礼堂的人面前做演讲。我是个几乎一言不发的孩子，没有比公开演讲更令我恐惧的事了。我向琳达请教，她告诉我一切包在她身上，她为我选了一个言辞诙谐、轻松愉快的故事。她和我一起练习，指导我读每个句子。但她知道这还不够，她选择的文章是由女孩讲述的，所以她从她的旧连衣裙里翻出一件我穿起来合身的。然后，她拿妈妈的一套金色假发戴在我头上，并教会我行屈膝礼。她宣布我准备好了。我听话地穿着女装，按照她的想法发表了演讲，这很能体现我对她的信任。我被推选出来，在人满为患的礼堂里表演。尽管有种种困难，班里最害羞的孩子却男扮女装，捧杯回家。此后，我再未怀疑过她——我对她言听计从。

她不忙着操纵我这个牵线木偶时，也在自己的生活中取得了引人注目的成就。大学毕业后，她拿到了西北大学麦迪尔新闻学院的新闻

① 罗蕾莱，德国莱茵河上的一块礁石，有会唱歌的女郎坐在礁石上，常常用她们的销魂歌声引诱水手们迷乱而投入水中。——译者注

学学位。她进入了广告业最富有创意的领域，在芝加哥最顶级的广告公司之一谋得一职。在拍摄她所编写的第一个广告时，她觉得其中的勾当很有意思，便就此为《广告时代》写了一篇讽刺文章。她第二天便被解雇了，但事后证明，这是一次不错的职业变动。几天内，她便被同市的竞争对手聘用了，还获得了大幅的涨薪。

最终，她厌倦了广告业。1995 年，她打电话告诉我，她打算创办一家互联网公司。她的想法是，收购大罐的制皂用香精，分装成小瓶，贴上花哨的商标，在网上转卖。这似乎是我听过的最扯的歪点子。首先，1995 年，没有人在网上卖东西挣钱。其次，肥皂生产商数量不足，怎么可能挣大钱？我们都力劝她不要浪费时间。17 年后，她创办的这家 www.sweetcakes.com 仍然是一家蓬勃发展、盈利颇丰的企业，这一直令我惊讶不已。后来，她创办了第二家网上企业，www.yarnzilla.com。《魔鬼经济学 1》出版后，我创办了一家小型的咨询公司，公司后来发展为“至善”。琳达担任首席创意总监，她独特的精神气质感染了我们所做的一切。

在取得这一切成就的同时，她和她的丈夫道格还培养了你所能想象的最乖巧、待人接物最自如、最招人喜欢的 17 岁男孩——他们的儿子赖利。（琳达将男孩培养成男人的技艺随着时间的推移愈加纯熟，因为即便在中学时接受过她的改造，我和赖利相比，也根本不值一提。）除了道格和赖利，她还抛下了她的父母雪莉和迈克尔、她的妹妹珍妮特和我，以及许多永远看不够琳姑姑的侄女和侄子。

每次琳达走进房间，她毫不费力便能成为焦点。“至善”的一名员工以前从未见过琳达，他走进会议室，所有同事都“笑得合不拢嘴”。他问为什么，回答是，琳达正在那里接受朝拜。

她傲人的才华与创造力更加突出了她走后留下的空洞。

琳达，我们都很想念你。

WHEN TO ROB A BANK

第十二章

一日火箭……[①]

一日成为魔鬼经济学家，终身都是魔鬼经济学家，至少这对我们两人来说确实不假。放眼望去，无论是动画片、婴儿配方奶粉、女性幸福感，还是海盗等话题，我们处处都能看出经济学的道理。

① “一日火箭”，为百老汇歌剧《西区故事》中一首插曲中的一句歌词。在《西区故事》中，“火箭”和“鲨鱼”是两个敌对帮派，正如歌中所唱：“一日火箭，终生火箭，从吸第一支烟，直到最后一日把气咽。”

推销一罐婴儿配方奶粉需要多少名中国工人?

列维特

最近去中国，我发现一个美国人能做的工作，通常有5个人在做。例如，在我们住的酒店，有个楼层监督员，其主要职责看起来似乎是按电梯按钮。或许她也有其他我没有注意的工作，但按电梯按钮这件事，她一直很靠得住。在餐厅，同样处处都是服务员，似乎每桌一名。

在南昌的大街上，大约有200人拿着手写的硬纸板牌子闲站着。我猜他们或许是无业游民，在找工作。结果发现，他们其实就是在工作，只不过我没有发现而已。他们的工作就是整天站在街角，手举写着他们回收旧手机的牌子。对他们来说，遗憾的是，我在那条街上闲逛了一周，大概只看到回收了三部手机。这是我所见过的竞争最激烈的市场。不过，他们所挣的工资在他们看来，想必还算尚可，否则他们就不会在那里站着了。

我去一家大型杂货店为女儿索菲买一罐配方奶粉时，我以为我见识到了最极端的劳力过剩例子。我在过道里找她在孤儿院喝的配方奶粉时，四名年轻的女士非常热心地想帮我。最初，我以为他们是助人为乐的顾客，最后（她们不讲英语，而我只懂得大约 50 个汉语），我发现她们其实是在工作。其中四人挤在我身旁说了 10 分钟左右，我才总算买到了价值 4 美元的配方奶粉。对我来说，这毫无道理。

后来回到酒店，我的中文向导才向我解释了情况。这些女子并不是杂货店的员工，而是敌对的配方奶粉公司雇来引顾客去买她们某些牌子的配方奶粉的！这就解释了为什么她们都兴致勃勃、不依不饶地向我推荐很多不同牌子的配方奶粉。杂货店不管我买了哪种配方奶粉——卖出一笔是一笔。但对配方奶粉生产商来说，从竞争对手的牌子那里抢生意是值得雇人来做的事。

为何动画片要用名人配音？

列维特

本周末，我带四个孩子去看了电影《鬼妈妈》。看完电影之后，我问他们觉得电影怎么样。他们四个分别回答：“很好”“不错”“还行”和“谢天谢地，总算看完了”。

我的孩子总是把新片奉为最佳，这些话从他们口中说出来可算不上是好评。

在我去过的坐满儿童的影院里，还没有哪个像看《鬼妈妈》这么鸦雀无声的。这种静悄悄的氛围加上电影慢吞吞的节奏，让我有充足的时间思考一些事情。

首先，我忘不了电影里有个小孩的名字叫“为生”，简称“为仔”，似乎缩写自“为什么要出生”，为仔似乎无父无母，但有个经常喊他的奶奶。这令我想起了《魔鬼经济学 1》中对没人要的孩子和堕胎的讨论。

其次，这部动画片里有两个角色的配音是达科塔 · 范宁和泰瑞 · 海切尔。我看的上一部电影是《闪电狗》，配音是麦莉 · 塞勒斯和约翰 · 特拉沃尔塔。最近，为动画片配音的明星不胜枚举：艾迪 · 墨菲、达斯廷 · 霍夫曼、卡梅隆 · 迪亚兹、约翰 · 古德曼，等等。

为何大名鼎鼎的明星垄断了动画片配音?

一说是因为他们的配音功底比别人好。我几乎可以确定并非如此，我相信，有一群配音演员和有声书朗读者不具备成为电影明星的姿色，却有不错的嗓音。

另有一说是大明星配音的片酬并不高。从我在《纽约时报》等报刊读到的文章来看，为动画片配音所花费的时间或精力并不多。果真如此的话，或许演员配音的成本仅为电影总成本的九牛一毛。但我认为事实并非如此，至少未必如此。我曾读到，卡梅隆 · 迪亚兹和迈克 · 梅尔斯为《怪物史莱克 2》配音的片酬是 1 000 万美元。

第三个说法是，人们喜欢听明星的声音。对这一说法，我也持怀疑态度，除了少数几个名气很大的例外之外，我猜观众不看片尾字幕，根本听不出明星的声音。

第四个说法听起来很奇怪，但经济学家却很熟悉。根据该假设，并非知名演员的配音功底强，也不是影迷喜欢听他们的声音，更不是因为明星片酬低。相反，聘请知名演员配音正是因为他们片酬高。愿意豪掷几百万美元请明星配音，代替片酬只有50 000美元的无名之辈，制片方一定对影片会大卖很有把握。因此，请大明星仅仅是为了向圈外人发出可信的信号，表明制片方认为影片一定会卖座。

最后，我并不确信其中任何一个说法让我觉得有道理。

为何要为变质的鸡肉花36.09美元？

都伯纳

不久前，一位老朋友来市里，我们在上西区见面，吃了一顿下午餐。崔尔比点了不加面包、加布里干酪的汉堡，我点了半只烤鸡加土豆泥。上菜很慢，但我们忙着叙旧，也就没有在意。

我的鸡肉上了以后，看起来不对劲，但我还是尝了一口。肉已经严重变质，我不得不吐在餐巾里。完全恶心至极、令人作呕、腐烂变质了。我叫来了服务员，一位年纪轻轻、模样俊俏的红发女郎。她得体地做出了受惊的表情，然后将食物端走，拿回一张菜单。

经理出现了。她年纪比服务员大，留着长长的黑发，说话带法国口音。她道了歉，说厨师正在检查那道菜，想确定问题的根源是香草还是黄油。

我看都不是，我告诉她，我认为你们的鸡肉已经腐败变质了。我自己拿鸡肉做过不少菜，我说，我知道腐败变质的鸡肉闻起来是什么味道。崔尔比表示同意：隔着桌子都能闻到那道菜的味儿了，很可能隔着整个餐厅也能闻到。

经理不愿意承认。鸡肉是他们当天上午才运来的，她说。这在我听来，就像说“不，某某某今天不可能杀人，因为他昨天没有杀人”一样答非所问。

经理离开了，5 分钟后又回来了。你说的没错！她说。鸡肉确实坏掉了，厨师检查了鸡肉，发现肉变质了，会做抛弃处理。胜利了！但谁胜利了？经理再次致歉，问是否愿意接受一份免费的甜品或饮料。这个嘛，我说，先让我在你们的菜单上找点吃的，在尝过那只鸡后要看着不恶心才行。我点了胡萝卜生姜橘汤、炸薯条和清炒菠菜。

随后，我和崔尔比开吃了，虽然口中仍有变质鸡肉的味道，但用餐相当愉快。实际上，那种味道至今挥之不去。崔尔比在我们点餐之前喝了一杯酒，吃饭的时候又喝了一杯，是苏维翁白酒，我喝的是白水。服务员来收拾餐盘时，又问我们是否想要赠送的甜品。不要，我们说，只要咖啡。

我和崔尔比聊天的时候，我提到不久前，我采访过行为经济学鼻祖理查德 · 塞勒。他试图将心理学和经济学结合起来。我和塞勒在吃午餐的时候，考虑过做一项小实验——给服务员一大笔小费，目的可能是得到特殊照顾——但我们没能抽出时间。崔尔比很感兴趣，所以我们一直在谈钱。我提到行为学派提出的“锚定效应”概念[①]（二手车推销员对此尤其熟悉）：定价要比——打比方说——可赚取50%利润的价格高100%。

话题转向了埋单时我们可以说什么。似乎有两个选择：“我们对免费甜品不感兴趣，不用了，但考虑到鸡肉的问题，我们想让你们为我们整顿饭免单。”这会将锚定效应定在账单的0百分比上。另一个选择：“我们对免费甜品不感兴趣，不用了，但考虑到鸡肉的问题，能否请你去问经理账单可以免掉多少钱。”这将锚定效应定在了账单的100%上。

恰在此时，服务员拿来了菜单，总价31.09美元。或许由于害羞，或许是仓促，或许——最有可能的是——不想露出穷酸相（一旦牵涉金钱，情况从来不会简单），我脱口说出了第二种选择：请看看经理“能将账单免掉多少钱”。服务员微笑着回答说，我们已经免费送了两杯酒。对我来说，这赔偿尤其微不足道，因为喝酒的是崔尔比，仍然满口变质鸡肉味的却是我。但服务员仍然面带微笑，立即拿走账单去找经理。她很快走了过来，也面带微笑。

“考虑到鸡肉的问题，”我说，“我想知道你能将账单免掉多少钱。”

① 锚定效应，指人们在对某人某事做出判断时，易受第一印象或第一信息支配，这就像沉入海底的锚一样把人们的思想固定在某处。如早上喝豆浆时，第一间粥店服务员问“要不要加鸡蛋”，“加”与“不加”即是“锚定”。但第二间粥店服务员若问“加一个鸡蛋还是两个鸡蛋？”则“一个”或“两个”便是“锚定”。显然第二个问题更有利于促销，这就是锚定效应在起作用。——译者注

“我们没有收您的酒钱。”她十分和善地说，仿佛她是一名外科医生，本以为她必须移除我的两颗肾，却发现，她只需移除一颗即可。

“这就是你们能提供给我的最高补偿了吗？”我说（仍然未能将锚定效应定在0%上）。

她目不转睛地看着我，仍然面色和善。此时的她在算计，准备在金钱和心理两个方面赌一把，这种赌博人人每天都会做。她准备赌我不是那种大吵大闹的人。毕竟，在整个冲突中，我一直很和善，没有加大嗓门，甚至没有大喊呕吐或变质这种字眼，她显然认为这种行为会继续下去。她打赌我不会推倒椅子，大喊大叫，不会站在餐厅门外告诉潜在的顾客这里的鸡肉我差点吃吐了，整只鸡都腐败变质了，厨师要么是闻了出来却以为能蒙混过关，要么是没闻出来，工作心不在焉，谁知道下一顿饭会掺进什么东西——勺子、一截拇指、一团消毒剂。因此，她这样打赌之后，便说“是的”：所谓是的，即是说，这是她准备提供给我的最高补偿。

“好吧。”我说。

然后她便走开了。

我多给了5美元的小费，账单总价高达36.09美元——没有道理去惩罚可怜的服务员，对吧？我走出门外，送崔尔比上了出租车。经理打赌我不会惹事，她赌对了。

直到现在。各位要是愿意留心的话，这家餐厅名叫法式烘焙，位于曼哈顿区第85街与百老汇的东南角。

我上次核实的时候，烤鸡还在菜单上，祝你们好胃口。

请加油！

列维特

下文转载的电子邮件得到了极为广泛的传播，或许再次拉低了经济思想的下限。它宣布9月1日是“无汽油日”：

据传，如果在美国和加拿大，人人都选择在同一天一滴汽油都不买，石油公司会因石油储备过量而不得喘息。

同时，这将令整个行业遭受46亿美元以上的净亏损额，进而影响石油公司的损益表底线。

因此，9月1日已被正式宣布为“以眼还眼日”，两国人民在当日不应购买一滴汽油。

实现这一点的唯一方式就是将这封电子邮件尽多尽快地转发给别人，将消息散发出去。

坐等政府介入、控制油价只能是一厢情愿。阿拉伯国家两周前承诺要降低并控制油价，结果发生了什么呢？

记住一点，不仅油价在上涨，同时航空公司也被迫要提高票价，卡车货运公司也要被迫涨价，这会影响到所有需要运输的商品。衣食、建筑材料、医疗用品，等等。到最后是谁来埋单呢？我们！

我们可以有所作为。如果这一天之后，他们还不醒悟，我们就一天接一天地做下去。

所以发挥你的作用，将消息传播出去。将这封电子邮件转发给你认识的所有人。在日历上做好标记，让9月1日成为美国和加拿大公民齐声说“适可而止”的日子。

谢谢，并祝您今天愉快。

以下（无疑）列出了这封电子邮件所犯下的部分愚昧错误：

1. 如果今天没有人加油，但所有人的驾驶里程不变，那这仅仅意味着我们要么提前加油以防在9月1日不能加油，要么会在几天后多加油。因此，即便你相信此举将令石油公司在当天损失46亿美元，消费者也会把这笔钱乖乖奉还。如果是“无星巴克咖啡日”，或许尚有可能产生影响，因为人们是在同一天购买和饮用星巴克咖啡的，所以今天放弃一杯咖啡，或许来日永远不会再补回来。但汽油并非如此，尤其是在未要求任何人减少汽油消耗量的情况下。你所能得到的唯一结果就是，其后一天加油站排队加油的车更多。

2. 即便同时中止所有使用汽油的活动一天，全面抵制汽油一天也不会让石油公司的损益表底线下降46亿美元之多。美国人每天消耗约900万桶汽油，一桶约有42加仑，所以这相当于美国每天售出3.78亿加仑的汽油，折合约每人一加仑。算上加拿大，则增加10%。按照每加仑3美元的价格，这相当于约12亿美元的营业收入。在该行业，利润在营收中的占比约为5%或5%以下，所以对损益表底线的影响最高为6 000万美元，即邮件声称数字的1%左右。从以上第一点来看，即便是这一数字，也严重夸大了实际影响。

3. 一天不加油肯定不会令石油工业因储备过多而不得喘息。美国的石油库存一般约为200万桶，但现在处于低潮期——这是油价偏高的一大原因。增加900万桶根本不会对储备造成任何问题。

所以请大家在9月1日尽情加油。

如果你真的灵机一动，想转发这种邮件，至少告诉别人不要用汽油，而不是不要加油。

更新：这篇帖子发表于2005年8月，当时美国普通汽油的均价约为每加仑2.85美元。截至撰写本文之时（2015年1月），每加仑的价格约为2.06美元，这让人们更有理由去加油了！

海盗经济学概要

瑞安·哈根主持的问答活动

最近，“快桅阿拉巴马号”的船员在索马里海盗的袭击中逃生，已经返回祖国，进行必要的休息。但随着美国与索马里海盗这群乌合之众的关系日趋紧张，我们认为，或许可以以史为鉴，探寻驯服这些海上非法之徒的方法。

彼得·里森是乔治梅森大学的经济学家和《无形之钩：隐藏的海盗经济学》一书的作者。里森同意为我们解答一些重要的现实问题。

问：《无形之钩》并不仅仅是个巧妙的书名。这与亚当·斯密的无形之手有何区别？

答：在亚当·斯密的理论中，这个概念是指，每个追求私利的个体都仿佛在受无形之手的牵引，促进社会的利益。无形之钩的概念是指，海盗虽然身为罪犯，却仍受私利驱使。所以在这种驱使下，海盗建立了政府体系和社会结构，以更好地满足其犯罪企图。二者是相通的，但一大区别在于，在亚当·斯密看来，私利促成的合作创造财富并改善他人的境况。对海盗来说，私利促成的合作令海盗得以更有效地掳掠，从而摧毁财富。

问：您写道，早在美国独立战争数十年前，海盗便建立了其独特的早期宪政民主政体，并包含分权制。唯一可能的原因是否是因为他们是行动完全不受任何政府管制的法外之徒？

答：没错。18世纪的海盗建立了相当完善的民主体系。这些罪犯推动这种体制的原因是，他们不能靠政府来为他们提供这种体制。因此，海盗比任何人都需要研究出某种法律与秩序的体系，令其得以维持长时间的团结，成功完成掳掠行径。

问：那么这种参与度高的民主体系是否诱使商船水手加入了海盗的行列，因为这意味着他们在海盗中间的自由度要高于自己的船只？

答：水手当海盗的自由度和报酬都要高于商船，但或许最重要的一点还要算是摆脱船长的独断专行和蓄意滥用职权的行为。商船船长以此欺凌船员的行径众所周知，在海盗民主体制中，一旦船长滥用职权或碌碌无为，船员便可将其罢黜，而这也确实是常有之事。

问：您写道，海盗并不像我们一直以来所想象的那般嗜血成性。

无形之钩对这种行为有何解释？

答：基本思想是，一旦我们将海盗视为经济参与者——其实就是商人——他们不愿逢人便欺的原因就显而易见了。为了鼓励商船投降，他们需要传达投降即可获得优待的想法。这就是海盗为了劝水手和平投降而给出的诱因。如果他们像经常被刻画出的行径一样，肆意虐待囚犯，实际上反而会削弱商船船员投降的诱因，进而导致海盗付出更高的代价。他们必须更频繁地用武力决一胜负，因为商船认为自己一旦被俘，一定会遭受虐待。

因此，与之相反，我们在史籍中所常见的，是海盗宽宏大量的事迹。当然，另一方面，如果你负隅顽抗，他们就会对你——你懂的——怒火中烧。关于海盗暴行的多数传说都由此而来。这并不是说从来没有海盗放纵过自己的施暴冲动，但我推断，海盗群体中的施虐狂比例不会超过合法社会。而海盗中间的这些施虐狂在于己有利的时候，往往会克制自己的施虐行为。

问：所以他们从来没有让人走过跳板？

答：不存在走跳板这种行为。17—18世纪海盗的这种做法没有历史根据。

问：在你的笔下，海盗像是一个品牌。这个品牌在海盗本身销声匿迹后的数百年仍然得以延续，算是相当成功的品牌了。取得这种成功的关键是什么？

答：海盗尤其想树立一种名声。这是一种微妙的策略，他们不想树立暴虐无度或疯疯癫癫的名声。他们希望别人认为他们是脾气一点就着的亡命之徒，如果你招惹他们，如果你反抗，他们就会怒发冲冠，对你百般折磨。这样一来，他们抓到的俘虏便会谨小慎微地服从海盗所有的要求。同时，他们还希望树立不遵守其要求的俘虏会遭到残忍虐待的名声。关于这些残忍虐待的传说不仅仅是口口相传下来的，还有18世纪初的报纸。俘虏被释放后，经常会向媒体讲述自己被俘的经历。所以，殖民地居民读到这些媒体报道，有助于海盗巩固其亡命之徒的形象。这对海盗起到了不可思议的作用。这是遵纪守法的社会成员进一步帮助海盗减少成本的一种广告形式。

问：对于现代海盗问题的解决，我们能从《无形之钩》中获得何种启示?

答：我们必须承认海盗是理性的经济参与者，且海盗是一种职业选择。如果我们将其视作非理性或追求其目的的人，我们很容易会制定出无法有效解决海盗问题的方案。既然我们知道海盗会对成本与效益做出反应，我们应该思考改变其成本与效益的解决方案，以改变海盗行事的诱因，阻止他们进入海盗生涯。

有形之手

列维特

假设你在市场上看iPod，想找个便宜货，所以你在Craigslist（大型免费分类广告网络）这种本地的在线市场上搜索。你是否在意在未开箱iPod的图片上，拿着iPod的人（你只能看到他们的手和手腕）

是黑人还是白人？如果拿着iPod的人手上有可见文身呢？

我猜多数人会说他们不会在意拿iPod的人是何肤色。更多的人可能会说，他们看到文身可能不会回复这则广告。

然而，经济学家从来都不愿意相信人们的说辞，我们相信事实胜于雄辩。在经济学家珍妮弗·多利亚克和卢克·斯坦所进行的一项新研究中，事实显然不容辩驳。在为期一年的研究中，他们在本地在线市场上投放了数百条广告，随机决定手拿待售iPod的人是黑人、白人，还是有大片文身的白人。

以下是他们的发现：

> 根据各项市场结果指标，黑人卖家的业绩要逊于白人卖家：他们收到的回复量少13%，报价少17%。这种效应在东北部最为显著，严重程度与手腕文身引起的效应类似。在至少收到一份报价的条件下，尽管买家群体是经过自我选择形成的——歧视理应较少——黑人卖家收到的报价数额仍然低2%~4%。此外，与黑人卖家联系的买家表现出的信任度较低：愿意在电子邮件中透露姓名的比例低17%，愿意接受邮寄的比例低44%，而对远程支付表示担忧的比例却高56%。我们所发现的证据表明，黑人卖家在不活跃的市场所取得的业绩尤其不佳。看起来，这种歧视在买家竞争激烈的情况下或许并不"存在"。而且，在种族孤立最严重的市场和财产犯罪率较高的市场，黑人卖家的业绩最差，表明统计性歧视可以解释这种差异。

那么从该项研究中，你可以得到什么结论？最明显不过的一个结果是，如果你想在网上卖东西，无论你是黑人还是白人，都要找白人出镜。我想你可以说，广告商早已想通了这点，实际上还更进一步，确保出镜的白人同时还是面容姣好的金发女郎。

在这种背景下，想找出黑人卖家与白人卖家待遇不同的原因要困难得多。如作者所述，目前有两大歧视理论：仇恨和统计性歧视。所谓仇恨，经济学家是指，即便交易结果完全相同，买家也不想从黑人卖家手中买东西。意即，即便黑人卖家所提供商品的质量与白人卖家完全相同，买家也不喜欢黑人卖家。而相反，所谓统计性歧视是指，黑人的手成了某种负面因素的代表：被宰的概率较高、商品为赃物的概率较高，或者卖家住址太远，当面交易太麻烦。

多利亚克与斯坦这篇论文最精彩的一部分是他们试图在这两种相互冲突的解释——仇恨与统计性歧视——中做出区分。他们是怎样做的呢？他们所采取的一个方法是让各个广告质量有别。如果广告质量很高，作者推测，或许这能提供信号，推翻不与黑人卖家交易存在统计性歧视的说法。事实证明，广告质量对不同种族的表现并无太大影响，但这可能是因为质量差异太小，不足以产生影响。作者还研究了居住地区市场较为集中的影响，以及财产犯罪率高低有别的不同地区之间的差异。黑人卖家在高犯罪率城市的业绩尤其不佳，作者解读称这证明了其中有统计性歧视的作用。

我很喜欢这项研究，这是经济学家所谓“天然实地实验”的一个例子。这种实验具备实验室实验的最大优势（真正的随机性），也具备在真实市场中观察人类所体现的现实性，而且研究对象全然不知自己在接受分析。

电视的黑白之分

列维特

在《魔鬼经济学1》中，我们顺带提到，美国的黑人与白人有着不同的观剧习惯。《周一夜赛》是唯一一档在历史上排进过黑人与白人收视榜前10的电视节目。有史以来最受欢迎的白人电视剧《宋飞正传》却从来没有排进过黑人榜单的前50。

因此，偶然看到尼尔森公司按种族划分的黄金时间收视率排行回顾时，我兴趣顿生。

白人电视剧十佳：

1.《犯罪现场调查》
2.《实习医生格蕾》
3.《绝望主妇》
4.《与星共舞》
5.《犯罪现场调查迈阿密篇》
6.《周一夜赛》
7.《幸存者》
8.《犯罪心理》

9.《丑女贝蒂》

10.《犯罪现场调查纽约篇》

黑人电视剧十佳：

1.《实习医生格蕾》

2.《与星共舞》

3.《犯罪现场调查迈阿密篇》

4.《丑女贝蒂》

5.《周一夜赛》

6.《法律与秩序之特殊受害者》

7.《犯罪现场调查纽约篇》

8.《犯罪现场调查》

9.《全美超模大赛》

10.《寻人密探组》

如果这组为期一周的数据是准确的指标（我认为是的），则观剧习惯产生了不可思议的趋同。几年前，几乎所有排名前列的黑人电视剧均主要由黑人角色出演，多数甚至不在四大电视网[①]上播出。现在，黑人与白人所观看的电视剧几乎完全吻合，而虽然这些电视剧多数都有黑人角色，演员阵容却没有一个以黑人为主。

① 四大电视网指美国广播公司（ABC）、全国广播公司（NBC）、福克斯广播公司（FOX）和哥伦比亚广播公司（CBS）。——译者注

这种观剧习惯的趋同是否昭示着更广泛的文化趋同模式？想必非也，但确实值得留意。

然而，在种种变化之中，有一点似乎和死亡与纳税一样永恒不变：只要是黄金时间播出，不论是黑人还是白人，都会看橄榄球赛。

你的利他主义有多纯粹？

都伯纳

最近几周，发生了两大自然灾害：缅甸飓风和中国地震，二者均造成了数万人死亡。

各位有开支票向两个受灾地捐过款吗？我对此表示十分怀疑。

何出此言？分析近期的灾难之前，先来思考近年来的三个自然灾害，以下列出了死亡人数和美国个人慈善捐款数额（由慈善美国统计）：

1. 亚洲海啸（2004 年 12 月）

   220 000 人死亡

   19.2 亿美元

2. 卡特里娜飓风（2005 年 8 月）

   1 833 人死亡

   53 亿美元

3. 巴基斯坦地震（2005 年 10 月）

73 000 人死亡

1.5 亿美元

虽然海啸的死亡人数高出许多，美国人为卡特里娜飓风救济捐出的金额却为亚洲海啸捐款的近三倍。但这也说得通，对吗？卡特里娜飓风是美国的灾难。

随后发生了巴基斯坦地震，73 000 人丧生，而美国的捐款数额仅为 1.5 亿美元。相比之下，海啸过后的 19.2 亿美元都显得慷慨了。巴基斯坦每名死者仅均摊到 2 054 美元左右，而海啸的每名死者则均摊到约 8 727 美元。两个发生在千里之外的灾害都造成了大规模的人员死亡——但美国的捐款数额却大不相同。为什么？

想必可以做出多种解释，其中卡特里娜飓风和海啸引起的灾难疲劳，以及媒体报道不足。

你记得对亚洲海啸的报道吗？我猜你记得，尤其是因为受灾地不仅包括贫困地区，也包括普吉岛这种引人注目的度假胜地。你记得对卡特里娜飓风的报道吗？当然记得。但巴基斯坦地震呢？就我个人而言，我记得读到过几篇报纸简讯，但没有看到任何电视报道。

思考一下菲利普 · H. 布朗和杰西卡 · H. 明蒂最近的论文《2004 年海啸之后的媒体报道与慈善捐款》。以下为其相当惊人——不论合理与否——的结论：

以 2004 年海啸之后的互联网捐款作为案例研究，我们证明，媒体对灾难的报道对救济机构收到的捐款有重大影响。晚间新闻报道每增加一分钟，捐款数额则可相比均值增加0.036个标准差，即相比普通救济机构的平均日捐款数额增加13.2%。同理，在《纽约时报》或《华尔街日报》刊登一篇700字的报道可令捐款额相比日平均数额增加18.2%。这些结果不受新闻报道时间和税收因素等变量影响。

为何有的灾难得到了大规模报道，有的却鲜有报道？想必因素仍然很多，其中首要的一点是灾难的性质（即有多么抓人眼球/适合上镜？）和地点。回到最近发生在缅甸和中国的灾难，我认为有几点值得考虑的其他因素：

1. 我们正处于美国大规模报道政治新闻的时节，很难将其从播出时段中挤走。

2. 报道远在千里之外的灾害耗时良久、成本很高，而媒体正处于削减开支模式，这更会令其知难而退。

3. 无论是缅甸还是中国（还是巴基斯坦），在美国人中间的所谓Q分值[①]都不高。我猜多数美国人在地图上根本找不到缅甸，即便对这个国家有任何印象，也都不是好印象（如“独裁军政府”）。

确实，对缅甸的捐款目前少之又少。鉴于灾害援助的分布往往极不均衡，或许这并没有那么骇人。但话说回来，如果你是捐款给有需要之人的

① Q分值，在美国用以衡量品牌、名人、企业或娱乐产品在人们中间的熟悉度和吸引力，主要用于广告、营销和公关行业。——译者注

人，难道遭受飓风侵袭的缅甸家庭不像其他人一样值得你的善举吗？灾害的政治或报道因素不应该改变我们对有需要之人的回应，对吗？

我们或许自欺欺人地以为我们的捐款几乎是盲目的，取决于哪里有需要，而不是我们对灾难详情的反应。但越来越多研究慈善捐款的经济学文献表明，事实并非如此。在一项范围很窄但很有说服力的研究中，约翰·利斯特认为如果你想挨家挨户地募集捐款，要想多募集捐款，你能采取的最好办法就是变成一位金发美女。

卡特里娜飓风之后，美国橄榄球大联盟通过周末电视募捐活动募集捐款时，我想起了这项研究。在比赛间歇和中场休息时，联盟邀请球星拨打电话。相比于橄榄球的观众人数，联盟募集到的捐款少得可怜。我很好奇如果他们请啦啦队员代替球员募集捐款，效果是否会好很多。

因此，鉴于缅甸和中国所发生灾害的详情，尽管伤亡惨重，我却仍然可以相当自信地预测，美国对二者的慈善捐款都不会太高。或许唯一真正存在的利他主义就是经济学家所谓的“不纯粹的利他主义”。这是否意味着人类既浅薄又自私——只向对他们有某种吸引力的事业捐款？未来是否会出现某种形式的“灾难营销”运动，帮助救济机构学会吸引潜在的捐赠者？

街头慈善经济学

都伯纳

不久前，我和罗兰·弗赖尔携伴侣共进晚餐。由于某种原因，话题转向了街头慈善。这段交谈很有意思，所以我认为我们应该向其他人请教这个有关街头慈善的问题。他们的回答如下所列（不管怎么说，在本文末尾，你可以看到我和罗兰的想法）。

参与者为：阿瑟·布鲁克斯，他在雪城大学教授商业与政府课程，著有《谁真的关心：温情保守主义的惊人真相》一书；泰勒·考恩，乔治梅森大学的经济学家，著有多部著作，负责维护“边际革命”博客；马克·库班，涉足多个领域的企业家和达拉斯小牛队的老板；巴巴拉·埃伦理奇，底层社会经典著作《五分一毛》等多部著作的作者；纳西姆·尼古拉斯·塔勒布，著名的花花公子以及《黑天鹅》和《随机漫步的傻瓜》的作者。

以下是我们向他们一一提出的问题：

> 你走在纽约的街道上，口袋里有10美元的可用收入。你来到一个街角，一边是卖热狗的摊贩，一边是乞丐。乞丐看起来醉醺醺的，热狗小贩看起来是一位正派的公民。尽管如此，你如何分配口袋中的10美元，以及原因为何？

阿瑟·布鲁克斯

我们总是面对此种情形——或为实际情形，或为象征性的比喻。如果你住在城市里，你经常能碰到穷困潦倒的酒鬼。你是施舍给他们，还是不施舍？在你心中，你担心他们拿了你的零钱会继续自暴自弃。但不施舍似乎又太冷酷无情了。

这种困局不仅限于我们对待流浪汉的方式。在公共政策方面，我们担心如果向有需要的人提供政府“救济”，我们会看到有部分人对此类救助产生依赖性。有人甚至称整个国家会因为国外援助而丧失自给自足的能力。正因为如此，我们才会有授人以鱼不如授人以渔等比喻。

此外，有人非常忧心有需要之人的尊严问题。对有的人来说，这意味着应该他们要什么，我们给予什么。对有的人来说，这意味着施舍有辱人格，并无益处，应该完全被政府项目取代。

正如因纽特人所言：“施舍致奴，正如鞭笞驯狗。”

那么，在我走向醉醺醺的乞丐和正派的热狗小贩时，这一切对我如何取舍有何帮助？我必须思考自己是否在意乞丐的愿望和独立自主，以及我的施舍所起到的影响和在世界上行善的效果。有 4 种可能性及 4 种不同的相关行为：

1. 我在意乞丐的独立自主，但不在意我的施舍所起到的影响。我丢给他一些钱，他很可能会拿这些钱去买醉。但是，嘿，我们都有自由意志，对吗？我没有强迫他不买食物去买醉。

2. 我在意我的施舍所起到的影响，但不在意乞丐的独立自主。我买热狗送给他——或者更好的是，我将钱捐给帮助无家可归者的机构。

3. 我既在意乞丐的独立自主，又在意我的施舍所起到的影响。这是最棘手的情况，往往需要徒劳无益地劝乞丐去“寻求帮助”。试想一下在街头进行干预。

4. 我既不在意乞丐的独立自主，也不在意施舍的影响。这是最简单的情况，我给自己买一只热狗，对酒鬼不予理睬。还要加点泡菜，再点一杯百事轻怡。

我如何选择？通常，我会选择第二种，除非我犯懒了，或者同行的人知道我写有关慈善的著作——在这种情况下，我有时会选第一种。

泰勒·考恩

我对施舍钱财给乞丐这种事并不热衷。从长期来看，这只会鼓励他们继续乞讨。假设一名乞丐每年可以讨得5 000美元，久而久之，假冒的乞丐会投入相当于5 000美元的时间和警力，将自己变成乞丐。净收益即便有，也很少。有传言称，在加尔各答，人们不惜以自残来增加乞讨效果。这是这种现象的一个极端例子，我在我的著作《发现你内心的经济学家》中详细解释了这种逻辑。

奇怪的是，如果乞丐酗酒，向其施舍则成了更特殊的例子。酗酒增加了他只是随意讨钱的概率，而不是在执行某种精心算计、将资源浪费在乞讨上的计谋。但在此情况下，我认为施舍的钱财会浪费在买醉上，所以我仍然不想给他钱。

如果我喜欢吃热狗，我会从小贩那里买热狗，而不是平白无故地送钱给他。一天结束后，他很可能会扔掉食物。他无论如何都能得到这笔钱，所以何苦浪费一只热狗呢？

仅限于此问题所暗示的第三种选择是撕碎钞票了事。这会令其他人手中的货币价值相应上涨，令他人广泛受益。由于贫穷的外国人（多为拉美人）手中握有不少美钞，由此而来的收益会流入善存美元的人手中。其中包括不少勤劳的穷人，我认为这个群体才是值得救助的人。

然而，对此选择，我有两个担忧。首先，毒贩等违法分子手中有大量现金——我为什么要帮助他们？其次，美联储可能（仅从概率学意义上说）会通过加印钞票来逆转我的行为所产生的影响。

底线：买热狗。

第二种底线：不要在纽约市做慈善。

马克 · 库班

我把钱留在口袋中，继续往前走，因为我没有理由在街角将钱拱手送出。

巴巴拉 · 埃伦理奇

首先，我们能否抛开这种问题易于招致的虚情假意、直截了当的答案？即我会用 10 美元为乞丐买一只热狗，或许还会将零钱留给小贩作为小费，从而犒赏了勤劳的公民，同时也确保了不思上进的乞丐不会拿钱去买醉——这当然让我产生了一点中产阶级所自以为是的正义感。

我虽然是无神论者，但在与乞丐有关的问题上，却赞同耶稣之道。他说，如果要拿你的里衣，连外衣也由他拿去。（实际上，他说的是，如果“有人想要告你”，要拿你的里衣，但多数乞丐会略过法律程序。）耶稣没有说：首先让乞求者接受酒精测试，或者首先让他坐下来，鼓励他“关注自身”和“设定目标”。他说：把该死的外套给他。

作为一种宗教仪式，如果有乞丐直接向我乞讨，我一定要给一些钱。毕竟我怎么知道他是否酗酒或患有神经疾病？除非我是他的假释官，否则关我什么事？任何人假仁假义地给他买热狗之前，都应该考虑到乞丐有可能是素食者，或者只吃犹太洁食或清真肉。

所以，如果有乞丐向我走过来，伸手要钱，如果我只有10美元的钞票，我必须给他。他是打算拿这笔钱去给他嗷嗷待哺的孩子买婴儿配方奶粉，还是买一品脱雷鸟葡萄酒，这不关我的事。

纳西姆·尼古拉斯·塔勒布

这是个无效的问题，回答该问题不会提供有用的信息。让我来解释一下：

最近，我和史蒂芬·都伯纳喝了几杯，吃了点芝士（芝士都是我一个人吃的）。其间，他问我为什么如此反感经济学这门学科，以至于一遇到某些学院派经济学家，我甚至会产生过敏反应。确实，我的过敏反应有时是生理上的：最近，乘坐英国航空公司的航班往返伦敦与苏黎世的途中，我发现在我所坐位置的过道对面，一位常春藤盟校的国际经济学家穿着蓝色夹克在读《财经时报》。我申请换位置，情愿下调位置，只为了呼吸经济舱未经污染的空气。我的目的地是瑞士山区的一处隐居地，环境类似托马斯·曼在《魔山》[①]中所做的描述。我不希望有任何事损害我的敏感性。

我告诉史蒂芬，我之所以反感经济学家，有道德、伦理、宗教和美学方面的原因。但有另一个主要原因：我所谓的“戏局”或“戏局谬误”（来自拉丁词汇ludes，意为“游戏”）。这涉及学院式多选题所设置的情景，如同规则清晰分明的“游戏”。这些规则脱离了其环境和生态条件。然而，在地球上做决策往往并不涉及脱离环境、测试性的多选题——正因为如此，在学校成绩好的小孩能力总是不如混迹街头的小孩。而且，如果如许多“谜题”所示，人们往往反复无常，这通常是因为测试本身有误。丹·高尔德斯坦将这种问题称为“生态无效性”。

所以从生态学角度看，在实际生活中，我们视情景不同，会有不同的行为方式。因此，假如将这一问题生态学化，我会做出以下回答：如果我走在纽约市的街道上，我很少会碰到要送出10美元这样的任务——我一般在思考我的下一本书，或者如何生活在没有经济学家的社会里（或者没有分析哲学家的世界）。我的反应要视顺序而定：先看到乞丐还是先看到街头小贩。

如果我先遇到乞丐，我会尽量克制自己不掏钱（我已经通过慈善团体向素未相识的人捐过不少钱了），但我相信我不一定能克制得住。我需要实际面对一名醉醺醺的乞丐，才能知道。我的反应也取决于我

① 《魔山》所讲述的故事是，大学生汉斯到高山肺病疗养院探望表兄约阿希姆，却染上肺病留下治疗，后来受到疗养院里的人影响，思想产生混乱，最终在疗养院里住了7年，令这座疗养院成了“魔山”。——译者注

在遇到乞丐之前有没有看过儿童挨饿的图片——这会让我变敏感。也不要低估个人感情的作用。如果他令我想起了我深爱的伯祖父，我施舍的钱可能远远不止 10 美元；如果他与经济学家罗伯特 · C. 莫顿有丝毫相像之处，我会径直过马路离开。当然，如果你在事后询问我，我永远不会说“感情”是我做此选择的原因，而是会摆出某种有理论根据、听起来富于智慧的说法。

现在，我的飞机故事出现了反转。在往返瑞士与伦敦的英国航空公司航班上，曾与我比邻而坐的另一名经济学家或许是发现此类生态无效性的第一人。他名叫阿玛蒂亚 · 森，自称哲学家，而非经济学家。此外，他外表与第一位经济学家无异（但没有穿蓝色夹克）。我很自豪能和森呼吸同一片空气。

郑重声明，我和弗赖尔几周前聊到这一话题时，倾注的心血都不如以上几位（或许库班例外）。

我的立场是，乞讨几乎无一例外是无能和有害的行为，应遭到抨击，而由于我倾向于犒赏良好品行、惩罚恶劣行为，我会把部分或全部的钱给热狗小贩。毕竟，他才是每天在外提供服务、履行纳税义务、缴纳许可费等的人。而相比之下，乞丐有许多更为有效、更加实际的选择去解决衣食问题，而不用从我这种人手中随意讨要几美元的施舍，我给的越多，就越是在鼓励他在街头度日。

相反，罗兰却说他会把 10 美元给乞丐：这笔钱很少，他说，对乞丐产生的边际效应要大于热狗小贩。

贿赂儿童用心考试

列维特

我们利用直接的金钱诱因，来激励生活中许多不同的活动。没有人指望快餐店员工免费煎汉堡，没有人指望教师无薪上班授课。但一谈到在学儿童，尽管对多数儿童来说，一两个月感觉都像是漫长无尽的一段时间，我们却仍然以为他们远在多年后乃至数十年后所能挣得的金钱奖励足以激励他们。

为了对儿童的课业学习是否受金钱诱因影响略作了解，我联同约翰·利斯特、苏珊娜·内科尔曼和萨莉·萨多夫一起进行了一系列实地实验。最近，我们将实验结果记述在一篇研究论文中。

与此前涉及儿童、学校和报酬的多数研究不同，在本次研究中，我们并没有鼓励儿童用功学习或多学知识。我们所追求的东西更加简单：仅仅是让学生更加用心地考试而已。所以，我们没有提前向儿童透露金钱奖励——我们等到他们坐下来开始考试之前，才出其不意地告诉他们，成绩提高可以得到最高 20 美元。

要想让金钱诱因带来任何可见的益处，需要告知学生他们会立即获得奖励。相反，如果我们告诉他们会在一个月后奖励他们，他们的成绩并不会优于没有诱因的情况。对于声称未来几年或几十年后的回报足以激励学生的人来说，这是个噩耗。

能取得最佳成绩的情况是，我们在考试前发钱给学生，如果他们未达标，我们会收回这笔钱。这一结果与心理学家所谓的“损失规避”相符。

对于低龄儿童来说，用奖杯和放屁坐垫等便宜得多的小玩意儿便可贿赂他们，但只有现金才能对年龄较大的学生起作用。

用金钱鼓励学生取得好成绩，这对人们产生的冒犯非同寻常——大量的负面邮件和评论。罗兰·弗赖尔在美国各个城市对金钱诱因进行过实验，也承受了同样的抨击。

或许这些批评之声是对的，而我问题缠身的原因是，我在初高中时期，每考到一门A，我父母就会奖励我25美元。有一点可以肯定：由于我唯一的收入来源就是这些与成绩相关的贿赂和我打扑克从朋友手中赢来的钱，我在高中时期的用功程度要远胜于没有现金诱因的情况。不少中产阶级家庭都会为了成绩奖励孩子，那么为何别人奖励他们却会引起这么多非议呢？

鲑鱼味美可口：诱因作用的一个例子

列维特

不久前的一天晚上，我们一行人去一家档次较高的餐厅吃晚餐。我们浏览菜单的时候，服务员好心地告诉我们鲑鱼尤其美味，我们也可以尝一尝朝鲜蓟蘸酱，她告诉我们，这是她个人的最爱。

可惜，我们的喜好不那么容易动摇。我们没有人点鲑鱼，对朝鲜蓟蘸酱也毫无兴趣。服务员收走菜单时，再次询问我们是否真的不想尝一尝朝鲜蓟蘸酱。我们中的一人半开玩笑地问她，她想让我们尝这个是否有特殊原因。

想必觉察到同她讲话的是一群书呆子气、欣赏真话的经济学家，她老老实实地回答道：厨师发明了一种新甜品（而且她很喜欢甜品）。当晚，在所有服务员中，谁卖出的朝鲜蓟蘸酱和鲑鱼主菜最多，谁就能免费拿走标准分量的新甜品。我们加点了一份朝鲜蓟蘸酱，适当地奖励了餐厅别出心裁的制造诱因方式。

后来在席间，我问她餐厅是否经常以物质诱因鼓励服务员推销特定产品。她提到，此前有一次，他们悬赏 100 美元，奖励卖出某道菜最多的人。

“哇，”我说，“这 100 美元肯定让你火力十足了吧。”

“实际上，”她回答道，“我对甜品更有兴致。”

记下非金钱诱因的又一次胜利。

河虾经济学

列维特

最近，我在博客上提出了一个简单的问题：“我们为什么吃这么多虾？”（1980—2005 年，美国人均食虾量增长了近 2 倍。）我没想到会收到 1 000 多条回复！

我提出此问题，是因为麻省理工学院斯隆商学院的营销学教授沙恩 · 弗雷德里克联系我，提出了一个发人深省的假说。他写道，他问不同的人我们为什么吃这么多虾，所得到的回复呈现出了异乎寻常的规律：

心理学家（实际上想必应该是所有非经济学家）所给出的解释强调需求曲线这一位置上的变化——喜好或信息变化，等等，如：

1. 人们更注重健康了，而虾类比红肉更健康；
2. 红龙虾餐厅更换了广告公司，现在的广告起效果了；

如此等等。

与之相反，经济学家给出的解释往往会强调“供应”，如：

1. 人们设计了更优良的捕虾网；
2. 海湾地区的天气条件利于虾卵孵化；

如此等等。

我发现沙恩的假说很有说服力。我教授中级微观经济学时，学生对需求的理解似乎要比供应容易得多。我们多数人所体验过的消费者经历都要远多于生产商经历，所以我们往往会从需求视角，而非供应视角，来看待事物。我们需要接受经济学家的培训才能理解供应因素。

我的同事进一步佐证了沙恩的假说。我向8位芝加哥大学的经济学家提出了这一有关虾类的问题，他们均认为答案与虾类生产效率提高有关，即以供应为基础的解释。

因此，我将这一问题提给博客读者，看看他们的回复是何情况。在帕姆·弗里德（一名打算主修经济学专业的哈佛本科生，先给出了"需求"论解释，但看到我尖刻的目光，马上又改成了"供应"论）的协助下，我们整理了我们所收到的前500条博客评论。

实际上，沙恩，我很遗憾地告诉你，你的假说在这组数据中并未得到太多支持。

有393条可用的评论（有107人不符合指示）。

首先，对该假说的一条利好消息。一如沙恩的猜测，非经济学家（即非经济学专业的任何人）多数认为我们的食虾量增多是由于需求为主的原因（如电影《阿甘正传》[①]、食虾的素食主义者增多，等等）。57%的非经济学专业人士只提出了需求论说法，而有24%只提出了供应论说法。其余则是供应论和需求论兼有。

然而，这一理论站不住脚的地方在于，在回答者中占20%的经济学专业人士与其他人似乎并无太大区别。约有47%的经济学专业人士只给出了需求论说法，有27%只给出了供应论说法。（经济学专业人士提出供应论与需求论兼有的比例较高。）

为沙恩说句公道话，经济学教授与有经济学学位的本科毕业生截然不同。实际上，经济学专业人士与其他人之间的相似之处或许表明，我们现有的经济学教学课程设置未能有效地向学生灌输良好的经济学洞察力——或者至少是我的同事所具有的经济学洞察力。

谁的思维方式与学院派经济学家最不相似？这一称号花落（意料之中的）英语专业人士和（意料之外的）工程学专业人士手中。二者

① 在电影《阿甘正传》中，有主人公阿甘与战友巴布谈虾捕虾的情节。——译者注

共同给出了49条唯需求论解释。

有意思的是，女性给出供应论答案的比例仅有男性的一半。至于这一结果有何原因和含义，就请各位自行思考吧。

那么究竟为何食虾量会大幅上涨？

我并不知道确切原因，但一个关键因素是价格的大幅下跌。据一篇学术文章统计，自1980—2002年，虾类的实际价格下降了约50%。产量上涨，而价格下降，这一定意味着生产商研究出了成本更低、效率更高的产虾技术。《石板》杂志的一篇文章认为，虾类养殖业经历了一次变革。需求因素或许也有影响，但似乎并非问题的核心。

因此，对于少数几位一直读到本文末尾的勤奋人士，此处再次提出一个问题：与食虾量相反，金枪鱼罐头的食用量一直在逐步下降，这是由于供应端还是需求端的变化？

女人为什么不幸福？

列维特

几周前，我见了贾斯廷·沃尔弗斯，和他开玩笑说，我有好几个月没有看到他的研究登上头条了。他没多久就解决了这个问题——上周，他和自己的生活伴侣兼经济学研究搭档贝齐·史蒂芬森上了两次新闻。第一次是《纽约时报》的一篇评论版文章。该文指出，媒体完全误解了新发布的离婚数据。虽然报道鼓吹新数据证明了如今美国的离婚率达到了历史新高，但斯蒂文森和沃尔弗斯却指出，这一模式完全是数据收集方式有变造成的人为现象。实际上，如今的结婚率较低，但已婚人士相守在一起的比例更高。

此外，斯蒂文森和沃尔弗斯还发表了一项新研究——《女性幸福感下降的悖论》。这必然会引来众多争议。几乎所有经济或社会指标都表明，近35年对女性来说，是美好年代，节育措施让她们有能力控制生育。她们的受教育程度大幅增加，进入了许多传统上以男性为主的职业。性别工资差距大幅缩减。女性寿命达到了历史之最。研究甚至显示，男性开始承担更多的家务和育儿责任。

鉴于所有这些变化，斯蒂文森和沃尔弗斯提供的证据可谓触目惊心：当今女性所报告的幸福感要低于35年前，相比于相应的男性幸福感则尤其如此。无论是职业女性还是家庭妇女，已婚还是单身，教育水平高低，情况均是如此。大龄妇女的情况更糟，18~29岁年龄段的情况似乎并不算太过严重。有孩子的女性不如没有孩子的女性。该模式唯一一个显著的例外就是黑人女性，她们如今的幸福感要高于30年前。

对于这些发现，有很多其他解释。以下是我列出的解释，多少有别于斯蒂文森和沃尔弗斯所提供的解释：

1. 在20世纪70年代，由于女权运动及其所造成的乐观情绪，女性幸福感处于虚高水平。没错，在近几十年，女性的境遇确实有所改善，但或许改善的速度要远低于预期。因此，相对于过高的期待值，实际情况令人大失所望。

2. 在近 35 年，女性的生活更加贴近男性生活了。男性的幸福感历来不如女性。因此，工作场所的事情向来令男性不悦，如今也在困扰女性，这或许算不得出人意料之事。

3. 在过去，即便不幸福，女性也会迫于强大的社会压力而佯装幸福。如今，社会允许女性在对生活不满的时候公开表达自己的感受。

4. 关于第三点，这些自述式的幸福感衡量标准因其他因素而被严重曲解了，所以可谓毫无意义。越来越多的幸福感调查者听到这一提议一定会大发雷霆，但有相当可靠的证据（包括玛丽安娜 · 贝特朗和森德希尔 · 穆莱纳桑所著的一篇论文）证明自述的幸福感作为成果衡量指标尚有不少改进空间。

对于哪种解释最有可能，斯蒂文森和沃尔弗斯没有表明立场。如果让我打赌猜一猜，我会说第三点和第四点是最有道理的。

与此同时，我问一位女性朋友她认为答案是哪个，但她太抑郁了，无心作答。

你所得到的最佳忠告是什么？

都伯纳

又到一年毕业时，社会名流、高官显贵，偶尔还有身份叵测之人，都被推出来，鼓励毕业生胸怀勇气、自信和信念（等等等等等等），步入未来……

然后，有位女士，我们称其为S，因为她的任务是保密的[①]。她的儿子N即将高中毕业，S在为他收集“忠告集”。她给各种各样的人（包括我们）写信询问：“你所得到的最佳（或最差）忠告是什么？”她继续写道：“我高中毕业的时候，我妈妈为我这样做过，我想将这一传统传承给我的孩子。这是我所收到过的最难忘的礼物。”

哪有人能拒绝这样的请求？我的第一个想法是告诉N我能给他的最佳忠告就是有一个对他关怀备至，甚至愿意向陌生人征求忠告的母亲。

无论如何，以下是我发给他的内容。我不能说这有多么发人深省，甚至也算不上有益的忠告，但这确实是我脑海中回想起来的：

亲爱的N：

大概14岁的时候，我得到了一条忠告。这条忠告甚至本意并非忠告，却令我毕生难忘。

当时，我和一个名叫伯尼·达基维奇的人乘着一艘小小的汽船在一汪小湖泊上钓鱼。他是当地的理发师（实际上，是两位理发师之一——但你能明白，这是一座小镇）。我10岁的时候，父亲就去世了。镇子里有几个好心人愿意费心带我进行小小的冒险之旅。这些冒险之旅多数都和钓鱼有关，我对钓鱼并不十分热衷，但我认为我母亲以为我喜欢，而我又太胆小，或是太听话，不敢提出异议。

① 保密的原文是“secret”，所以称这位女士为S。——译者注

我想，我们在湖上钓鲈鱼，在各个理论上的好位置之间变换，却一无所获。然后下起了雨。达基维奇先生将船只向岸边开去，在几颗低垂的树下抛锚，以防淋湿。我们开始就地投钓线——各位瞧吧，我总算钓到一条鱼。鱼还没有六英寸长，是一条太阳鱼或石鲈，但至少确实是一条鱼。然后，我钓到了一条又一条。这些鱼太小，不值得留，但钓着很好玩。

太阳出来了，达基维奇先生收起了船锚。我是个很害羞的小孩，鼓起所有勇气才敢说：“我们去哪里？这里就是个好位置！”

“啊，我们可不想一直钓这些小鱼，”他说，“它们不值得浪费时间，我去钓真正的鱼。”

说实话，我略感受伤——我钓到的鱼是真正的鱼，也总比一无所获好。而且，我们回到较深的湖区后，运气仍然不见好转：一条鱼也没有。

但这个道理，我却难以忘怀。尽管我们两手空空地回家，但我们总归是心怀大鱼的。从短期看，这种思维或许并无乐趣可言。但你应该做长远考虑——宏大的目标，屡经挫折才能达成的目标。这些目标或许值得奋斗（当然，也可能不值得）。这是有关机会成本的道理：如果你将所有时间都浪费在钓小鱼上，你就不会有时间——或发展技术，或锻炼耐心——去钓大鱼了。

祝你好运。

都伯纳

好了，这就是我有关钓鱼的故事。有趣之处在于，尽管这个忠告很难忘，但我至今一直未能遵守。

但试想一下，如果没有这条忠告像另一种良知一样萦绕在我心头，我的情况会有多么得拮据。

凡人所能给予的最高褒奖

列维特

昨天，我收到书迷发来的一封邮件：

> 我读了《魔鬼经济学》，简直——至少可以说——五体投地。你是杰出的思想家，而且老实说，你令我想起了我自己。

鸣 谢

苏珊娜·格卢克是我们的守护神。苏珊娜，我们非常感谢你的支持，尤其是你的友谊。此外还要感谢WME好莱坞艺术家和运动员经济公司的许多其他同仁，包括特雷西·费希尔、凯瑟琳·萨默海斯、亨利·赖施、本·戴维斯、洛里·奥迪尔诺、埃里克·索恩、戴夫·沃特沙夫特、布拉德利·辛格，以及多年来撑起一切的朋友：伊夫·阿特曼、艾琳·马隆、朱迪思·伯杰、萨拉·切格拉斯基、乔治亚·库尔、卡罗琳·多诺伏里奥、基蒂·达林、萨曼莎·弗兰克、埃文·戈德弗里德、马克·霍金斯、克里斯汀·普莱斯、克里奥·塞拉菲姆、米娜·沙哈格伊和利兹·廷格。

一如既往，诚挚感谢威廉莫洛/哈珀柯林斯出版社的优秀工作人员，他们为我们及其他许多幸运的作者辛勤工作。有你们所有人相伴，这四部魔鬼经济学著作成了一次漫长而奇妙的旅行！特别感谢亨利·费里斯、克莱尔·瓦赫特尔、利亚特·斯特里克、丽莎·加拉格尔、迈克尔·莫里森、布赖恩·穆雷、简·弗里德曼、林恩·格雷迪、塔维亚·科瓦楚克、安迪·多兹、迪伊·迪伊·德巴特罗、特里娜·胡恩等许多对此项事业做出过贡献的有才之士。

在英国企鹅出版社，我们何其幸运能请两位无私奉献的思想家和好友亚历克西斯·基尔申鲍姆和威尔·古德拉德做编辑。同样感谢史蒂芬·麦格拉思一直以来的支持。

同样感谢哈里·沃克演讲局的优秀人士，他们一直对我们寄予厚望。感谢纽约公共电台“魔鬼经济学”广播的工作人员，他们成功将我们杂乱无章的漫谈整理成了几近通顺的节目。

然后还有至少数十名多年来兢兢业业的博客员工。说实话，这就像一场狂欢。

感谢“做坏事”（Being Wicked）网站的玛丽·K. 埃尔金斯、洛里莎·谢普斯通和戈登·克莱门斯，也感谢查德·特劳特怀恩及其团队创建并一直在重组这样一个网络沙箱，供我们嬉戏。

在《纽约时报》，特别感谢格里·玛佐拉蒂、戴维·希普利、萨沙·科伦、杰里米·齐拉尔、贾森·克兰曼和布赖恩·厄恩斯特。

该博客先后有过多位编辑，多年来，他们不仅贡献了大量佳作，也防止我们太过出格。感谢雷切尔·弗斯莱塞、尼科尔·图特洛特、梅利莎·拉夫斯基、安妮卡·门吉森、瑞安·哈根、德怀尔·冈恩、马修·菲利普斯、阿热·吉尔曼、布瑞·拉姆和卡罗琳·英格里希。其中，特别感谢布瑞和德怀尔对 8 000 多篇帖子做初步筛选，感谢瑞安在文中所做的海盗问答以及其他许多贡献。

同样感谢魔鬼经济学博客多年来所邀请的客串撰稿人，其中有问答、仲裁会议，偶尔还有散文。特别感谢出色的常规撰稿人队伍，包括：伊恩·艾尔斯、史蒂夫机长、丹·哈默梅什、迪安·卡兰、安德鲁·罗、桑乔伊·马哈詹、詹姆斯·迈克威廉斯、埃里克·莫里斯、内森·梅尔沃德、杰西卡·纳吉、卡尔·劳斯蒂亚拉、赛斯·罗伯茨、史蒂夫·塞克斯顿、弗雷德·夏皮罗、克里斯·斯普里格曼、素德·文卡特斯和贾斯廷·沃尔弗斯。特别感谢史蒂夫机长、詹姆斯和素德允许我们将他们的几篇帖子编入本书。

博客的一个部分——无疑是最精华的部分之一——无法经由本书传达：读者反馈。我们很高兴看到你们或机智或独到或愤怒的评论、你们的问题与建议、你们强烈的求知欲和善意。

感谢每一位读者，你们是令我们十年来笔耕不辍的动力。